TAMBIÉN DE JAIRO RAMÍREZ

Ficción-Realidad (2022)
Ser y Muerte (2023)
Mlejnas (2025)

Inherencia *Poética*
Jairo Ramírez

INHERENCIA
Poética

Inherencia Poética
Derechos Reservados 2025 ©Jairo Ramírez

No se permite la reproducción total o parcial, en cualquier medio o formato, ya sea electrónico o mecánico, incluidas fotocopias, grabaciones o mediante un sistema de almacenamiento y recuperación de datos, excepto para revisores y críticos que podrían citar breves pasajes para reseñas en revistas, periódicos o internet --- sin el permiso previo por escrito del propietario de los derechos de autor (Jairo Ramírez). La distribución no autorizada de material protegido por derechos de autor está estrictamente prohibida. Compre sólo ediciones autorizadas.

ISBN: **978-1-9194422-0-4**

Edición: **Jairo Ramírez**

Traducción: **Jairo Ramírez**

Portada: **Jean Carlos García**

Publicado en Inglaterra, Reino Unido.

A mi Madre,

CONTENIDO

Prólogo ▶12 42◀ ▶43
Poesía
Angustia Existencial ▶20 ▶23 ▶27 ▶28
Cortázar
Ausencia
Escribir
El Nuevo Sur ▶30
Sto Cadendo
Como Si Pudieran
El Azul De Rogelio
Borges ▶38 ▶36 ▶34 ▶33 ▶16
Voy Cayendo
Coherencia Poética
Muerte y Angustia
Nunca Esclava
Poe ▶49 ▶52 ▶54 ▶55 ▶82
Devoción
The River
Filosofía
Joyce ▶60 Dios ▶62
Felicidad
Libros
Woolf ▶68 ▶70 66◀
Involución ▶76
Einstein's Pineapple ▶79
Nihilismo 64◀
No Trust
Se Marcha el Poeta ▶84 48◀ ▶46

PRÓLOGO

La fuerza invisible que conecta a la poesía, al poeta, y al lector, surge como una erupción volcánica. Concatenar ideas siempre ha sido un ejercicio que requiere de una intervención neuronal, pero esas ideas, cuando son transmutadas a versos, cobran una metamorfosis que las depara en un universo poético.

Nadie sabe en realidad cuándo surgió, o quién pronunció las primeras entonaciones poéticas; lo que sabemos, es que apareció un bosque infinito en medio de un desierto. La historia es siempre recordada, porque en el año 1781, Túpac Amaru II, antes del intento fallido de su desmembramiento, expresó en quechua, más bien lloró unas palabras al viento, y aparecieron de la nada, acordes, elefantes azules, montañas y ríos extensos.

Más allá de una metafísica poética, o de una posteridad poética, el hilo que une el triángulo poético; vive de forma inherente en cada parte del triángulo. De esta forma, la poesía lo abarca todo y supone una infinitud de posibilidades.

Del dolor puede nacer la belleza; de la belleza, el dolor. Una angustia puede convertirse en el descubrimiento de la verdad, y una veracidad aceptada puede ser la mentira más grande de todo el decurso histórico.

Los límites son inexistentes. 1781 se conecta con 1996. 1996 sigue la conexión 6 meses después, el 9 de marzo de 1997. La muerte es un gran hilo conductor, porque complementa la idea de una Totalidad que rige el cosmos.

La poesía es una perfecta anomalía que trasciende los sentidos. Es una música que invade, rememora y transforma. De esa transformación, surge la posibilidad de renunciar a algún yugo o adoctrinamiento. Es también placer y conformidad; pues el triángulo poético depende del poder metafísico de todas sus partes.

Cuando el subconsciente se expresa, y el sueño se mixtura con la realidad, el triángulo poético puede deparar en un surrealismo que trasciende toda lógica y toda atadura. Este surrealismo nos pasea por calles y ciudades nunca antes exploradas de forma consciente.

Cada sílaba, cada palabra, es una composición musical que conforma la Totalidad del poema. Dentro del poema, debe existir la impresión de una Totalidad que rige el ritmo y los versos. El tema, debe abarcar todas las vertientes posibles, o provocar en el triángulo poético, la sensación de haber agotado todo recurso, toda acción o ángulo posible dentro del poema.

Llorar palabras al viento, crear surrealismos y metaficciones que afectan una realidad que no se percataba de su propio estado, concatenar palabras, versos dictados por la necesidad del Ser, disrupción sobre el totalitarismo y la esclavitud, sumergirse en la belleza, tocar el horizonte, transmutar los miedos, liberar las frustraciones, cambiar la historia, predecir el decurso histórico, vivir con autenticidad, recibir la humildad, cuestionar los hechos, enmudecer el odio, trascender el Ser.

Diciembre del 2025
Oxford, UK
—**Jairo Ramírez**

POESÍA

Perfecta anomalía que trasciende los sentidos,
Pluralidad del saber,
Extensión del infinito.

Espontánea vibración,
Sutil y feroz encaje,
Viento acariciador,
Y devastador cuando quiere.

De poetas malditos a mediocres,
Del fervor que ilumina,
Una razón ardiente,
A las plásticas mentiras,
Que destruyen el intelecto.

Invisible hegemonía,
De palabras interpuestas,
Pero el sentimiento llega,
Si conecta con cadencia,
Y ondula en las miradas,
De conjugaciones intensas.

Es el Sancho de Alonso,
El amigo de Dupin,
El Watson de Sherlock,
El Verlaine de Rimbaud.

Es multitudes,
Flores del mal,
Una comedia divina,
Unos Heraldos negros.

INHERENCIA *Poética*

Fuerza que desde el mar,
Nos doblega y nos trasciende,
Alimento de aves febriles,
Nieve cansada, nieve renovada,
El dios de Spinoza,
Y una relación altruista,
Entre la gravedad,
Y la relatividad.

Olear como el viento,
Del árbol a la roca,
Que corta el dedo del agricultor,
Pasa por maderas,
Por los ladrillos del tiempo,
Por el río nunca mismo,
Los olivos y Aristóteles,
Conversa con Alexander,
Y se enfrenta a los persas.

Martillo nietzscheano,
Máxima que quiebra,
Ideologías pasajeras,
No pensadas ni criticadas.

El adoctrinamiento no existe,
En el libre verso que fluye,
Es una dulce sapiencia,
Un despertar magistral,
Con colores que rebosan,
Los límites del entendimiento.

INHERENCIA *Poética*

La, que a la torre asecha,
Re, que al peón calcula,
F#m, que al alfil sacrifica,
Mi, que pone en jaque al rey,
Sirena que canta,
Melodías milenarias.

Moralidad inexistente,
Avalancha de sueños,
Sentir que renace el recuerdo.

Cambalache postmoderno,
Vibraciones se apoderan,
De un cuerpo ya poseído,
Por un ser que le señala,
Un poeta que le canta,
Que se entrega,
Que expande.

Volcán cuántico,
Natura que danza,
Entre gladiadores e indígenas,
Colonizadores asesinos,
Sin humanidad en los genes.

Imparcialidad al desglose,
Veracidad encontrada,
Entre palabras ambiguas,
Líneas inconexas,
Dejan rastros de la realidad.

Artificial razonamiento,
¿Cómo se mide la realidad?

INHERENCIA *Poética*

Si la ficción afecta al ser,
Es ya un razonamiento no artificial,
Argumentar entonces,
Cae como lluvia en la selva,
Inexistente en su momento,
Ahora eterna en la memoria.

El lector es quien conecta,
Sentimientos y vivencias,
Dolor y Muerte,
Cáncer y Cura,
Angustia y Certeza,
Saberse finito en un universo infinito,
El sentir,
Nos regresa nuestra humanidad,
El perdón nos salva,
Del sinsentido,
La humildad nos acerca,
A la inmortalidad.

Soy el cosmos,
Apertura multidimensional,
De la nada resurjo,
Como el peso de la historia,
Con el decurso aleatorio,
Que la totalidad encierra,
Y mucho más que cuatro sílabas,
En mí yace la inexistencia,
Y una existencia que amalgama,
Unos puntos suspensivos,
Y entre el calor y el frío,
Soy la mano que toca el horizonte.

ANGUSTIA EXISTENCIAL

"El ser humano es ese ser que se angustia,
y es más profundamente un ser humano
cuanto más profundamente se angustia."
—Kierkegaard

Condenados a una Angustia perpetua,
El nihilismo no alcanza,
y el existencialismo se queda corto,
Soledad compañera.

La decisión no tomada es una decisión,
La creencia repudiada es una creencia,
Existe una Totalidad mayor a la del ente,
Porque existe un ente ya dado.

Habría que volver,
A deconstruir el Dasein fenomenológicamente,
Con gran hincapié en la teoría de la Autenticidad,
Y reinterpretar de forma ontológica,
El Estado-de-arrojo,
Con una hermenéutica libre de prejuicios,
Y agendas personales.

Máximas con ínfulas de dioses,
Asegurar, 4.
Prometer, 3.
Convencer, 2.
Abandonar, 1.

Libertad que esclaviza los sentidos,
Los sentidos que esclavizan Libertad,
Humanismo postizo,
Cadenas invisibles que atan el Ser,
Y laceran los cerebros.

Una Muerte empeñada surca los rincones,
Verdugos en motoconchos,
Que ignoran la fecha de su Muerte,
Adicción dinerística que depara en Suicidio cultural.

Algunos se piensan libres,
Fieles creyentes de una Existencia firme,
Fieles seguidores de teorías milenarias,
Que aseguran vida después de la Muerte,
Ilusión vaga que doma,
Y proporciona tranquilidad ficticia.

La Angustia no es sólo saberse angustiado,
Es saberse angustiado,
Y ver a los impostores de la Angustia,
Crear falsos ideales,
No sólo los crean,
Es también el buscar seguidores,
Seres ilusos que se convencen,
Porque prefieren,
Una falsedad a una Angustia verídica.

Existen los que duermen,
Los que no saben que son engañados,
Paciencia con ellos,
Prudencia,
Serenidad,
Humildad.

Gremio donde la ignorancia florece,
Es necesario convencerse,
No cuestionar,
No pensar.

Kierkegaard le detiene la mano a Abraham,
Mientras dios observa sin inmutarse,
Y el hijo inocente y confundido,
Nos produce aborrecimiento por la fe.

CORTÁZAR

Léase este poema de dos formas, que el lector puede advertir de forma natural; las demás, son también bienvenidas.

2
Un misterioso fin,
Te dicta las oraciones,
Como unos parques continuos,
Como boca arriba una noche.

3
Detrás de una puerta condenada,
Yace un río y una flor amarilla.

15
Es una vuelta al 80 en mundos,
Un día en el 80 de mundos.

5
Viaja en ómnibus,
Una lejana mujer,
Que encuentra en una isla a medio día,
La salud de los enfermos.

8
Escritor no comprometido,
Más bien casado,
Con la lucha contra los que toman las casas,
Y crean apocalipsis de Solentiname.

INHERENCIA *Poética*

7
Bestias que se pierden en lo lúdico,
Axolotl que invade la mirada,
La culpa no es de nadie,
Si el final del juego es una autopista del sur.

11
Perseguidor de Rayuelas,
Con armas secretas que apuntan,
Hacia un modelo para armar,
Que es siempre el mismo fuego.

9
Traducir a Edgar,
Ensayar a Allan,
Devoción a Poe.

6
Figura de un Boom que aún resuena,
Como aquel nacimiento bélico,
Cronopio incansable,
Solitario incorregible.

1
Florencio es siempre un alguien que anda por ahí,
A horas y deshoras,
Y es que queremos tanto a Julio,
Que sus fantásticas creaciones,
Nos deparan en un universo,
De símbolos, armas secretas y ostentosos famas.

16
Búsqueda.

4
Exilado, latino americano,
Amante del Jazz,
Amigo de un tal Lucas.
Construye contra novelas,
Con capítulos laberínticos.

12
Lector cómplice,
Viaja entre Verne y Dumas,
Se detiene en *Ficciones,*
Continúa su viaje con Kafka,
Y depara en la casa de Usher.

10
Todo empezó mucho antes de 1914,
Y se extiende mucho más allá de 1984,
Su grandeza abarca más,
Que Bruselas y Francia,
Que Italia y Buenos Aires.

13
Aquellos hilos de la virgen,
Que engañan y destruyen,
Son las babas del diablo que carcomen la esperanza.

14
Innovador voraz,
Que encuentra lo fantástico en lo cotidiano,
Da escaleras para subir instrucciones,
Da reloj para cuerdas,
Da llorar con imaginación hacia uno mismo,
Y tentativas que nos muestran *el otro lado*.

AUSENCIA

Fui a buscarte, pero no estabas,
Y en ese leve espacio que dibuja tu ausencia,
Te imaginé mirándome,
Calmada, serena y firme,
Luego un pensamiento me robó el momento,
Y me trasladó al lugar donde no estabas,
Sugiriendo a su vez que fuera a encontrarte,
Y así lo hice;
Pero la ausencia que dibuja tu espacio,
Empezó a pintarme,
Y al entender que no estabas,
Me fundí en el espacio,
Que me dibujó tal cual tú,
Y me enredó en su ausencia,
Entonces al no encontrarte,
Y yo, al perderme en tu ausencia,
Nos encontramos ahí, en la tuya,
Y nos robamos del momento aquel pensamiento,
El de tú ausencia,
y yo ya no estaba, y tú,
Aún eres un dibujo.

ESCRIBIR

Una música indomable,
Surca el viento entre sombras,
Sombras del silencio,
Del impostor pasado,
Soñar tiempo sin.

Mágico el momento,
En que nacen las palabras,
Letra a letra, sílaba tras sílaba.

Y en el ritmo que envuelve,
Infinitas oraciones,
Párrafos despiertos,
E inolvidables páginas.

El ser despierta su ser,
El arte su arte,
Cada instante es un recuerdo,
En que el recuerdo es un instante.

La vida un sueño,
El despertar la muerte.

Regresa el viento ya no en sombras,
Con el impostor futuro,
Ya no en sueño,
Ya no en vida.

Un despertar confuso,
Entre almas conocidas,
Las palabras fueron guía,

Y el ritmo un mar vertical.

Sin inmutación precoz,
Vuelvo del viaje entre las sombras,
Mi mano ausente de la pluma,
Danza sobre el papel ardiente.

Sin tiempo soñar,
Pasado impostor del,
Silencio del sombras,
Sombras entre viento el surca,
Indomable música una.

EL NUEVO SUR

Vacío existencial desbordante,
Egocentrismo repugnante,
La vanidad rige el Ser,
Ideologías de papel.

Infernales religiones,
Insulto al intelecto,
dios no se concierne con futilidades,
¿El de Spinoza o el de Nietzsche?
Gobernantes incultos, arrogantes, iletrados,
Humanos Humanoides,
Decadente humanidad,
Humana decadencia del eterno retorno.

No hacía falta, retornaríamos por nuestra cuenta,
A ceder al placer,
A la injusticia,
A eyaculaciones absurdas,
A la envidia,
Al miedo de sabernos finitos.

¿Acaso morir es la respuesta?
¿Acaso nuestra finitud es la mejor manera de sabernos inmortales?
Distracciones calculadas,
Cerebros bifurcados por ríos de ignorancia.

Humildad en extinción,
Creatividad sin refugio,
Carencia de razonamiento,
Albergue de lo vano,
Escuelas de racismo.

Guerras normalizadas,
El hambre no molesta en estómago ajeno,
Violaciones impunes arrancan de un tajo el Ser.
Miedo a decir que no se sabe,
Miedo a aceptar limitaciones,
Miedo a entender que no se entiende.

Dispositivos utilizando personas,
Hipnotizadas,
Perdidas en un limbo putrefacto,
Ausentes,
Condenadas a un estado superfluo,
Atrapadas,
Desintegradas sus partículas.

Carniceros metafísicos repelan la poesía,
Filosofía egocéntrica de un razonamiento deshumanizado,
Frustrados por la impotencia,
Condenados a un saber mortal.

El verdadero conocimiento está vedado,
A los que carecen de Humildad,
A los que no entienden el Ser,
A los que sólo buscan fama,
Dinero, y placeres efímeros,
A los que no surcan el dolor,

INHERENCIA *Poética*

A los que piensan que existen las fronteras, los países,
las banderas, las razas, el color de piel...
Triste es la Existencia de los que no han despertado,
Amargo es el respiro de los que callan.

Fuego que nos construye,
Eternidad que nos reclama,
Totalidad que nos adhiere,
Ser que resurge siempre,
Canto que cocina almohadas.

Se repudia lo Quijotesco,
Se odia lo Dantesco,
Se mal utiliza lo Woolfiano,
Se defeca sobre lo Poeciano,
Se ignora lo Shakespeariano,
Se mata lo Joyciano,
Se malinterpreta lo Camusiano.
Se olvida lo Kafkiano.

Veo usuarios como *Strange Fruit*,
Colgando por doquier,
Ignoran que son víctimas,
Pretenden lo que no son,
Su sangre cibernética supera la de las hojas,
Puedo oler su carne quemada,
Puedo incluso escribir los versos de sus lápidas,
El nuevo Sur es el entretenimiento,
Es el árbol que ha matado el pensamiento.

STO CADENDO

Sto cadendo,
Cadere non sento desiderio di,
Dietro a una goccia di pioggia,
E non posso vedere quanto sono vicino al suolo,
Senza poter nemmeno palpare l'aria,
Che quando credo di catturarla,
Mi sfugge, si sgattaiola nel tempo,
Il tempo eterno e irreversibile,
Al mio fianco guardo le altre gocce,
E dietro di loro altre,
Che mi guardano con insonnia,
E su qualcosa che non capisco,
Mi avvertono con diffidenza,
Sempre più sento cadere,
E sembrerebbe un cadere senza fine,
Un cadere ormai quotidiano,
Per istanti credo di salire,
Credo di dormire,
Sento sentire,
Cado cadere,
Dormo cadendo,
Cado sentendo,
Ma oggi,
Irrimediabilmente contraddico il mio primo sentire,
Oggi so che cado,
e con fervente desiderio,
Con le gocce al mio fianco,
Desidero cadere sulle sue labbra.
Sto cadendo, sto cadendo, cadendo...

COMO SI PUDIERAN

Huh, como si pudieran.
Como si pudieran deshacerse de mí,
Como si pudieran arrancarme el Ser,
Y tirarlo al olvido,
Como si pudieran.

Como si dependiera yo de inútiles conjeturas,
De falacias construidas con palabras efímeras,
Como si pudieran.

Como si pudieran cortarme la cabeza,
Lanzarla al mar, lacerar mi cuerpo
Y darlo como almuerzo a las pirañas brasileñas.
Como si pudieran.

Como si pudieran colgarme de un árbol,
Y apalearme hasta que sus brazos cansados se rindan,
Y la sangre moje la tierra que me pertenece,
Como si pudieran.

Como si pudieran congelar el tiempo,
Para que yo sufra aún más,
Para que yo les implore de rodillas,
Que no me torturen,
Como si pudieran.

Como si pudieran erradicarme,
Como ya han intentado,
Y borrar mi nombre de la historia,
E ir de casa en casa y lavar los cerebros,
Asegurándose que no quede ni el último rastro de mí,
Como si pudieran.

Y no pueden porque el Ser no se arranca,
No se tira al olvido,
Porque las falacias se destapan ante mí,
Porque yo soy el mar y las pirañas,
Soy el árbol, soy la sangre,
Soy el tiempo que los tortura.

Yo, soy la historia infinita,
Que nunca se fue,
Que siempre vive naciendo.
Huh, Como si pudieran.

EL AZUL DE ROGELIO

No hacía falta descubrirlo sonriente, apasionado,
Temperamental a veces y dispuesto otras,
Nostálgico de nacimiento,
Y realista batallador.

Navega un río de poesía que desemboca en la filosofía;
Que se une a la prosa de playas conscientes,
En el sufrir de la humanidad.

Busca una memoria futura,
Unos sueños reales que se despiertan cuando duermen,
Y hablan al enmudecer.

Un dolor histórico transita sus venas,
Por la sangre de los muertos que claman justicia.
La simpatía por la esperanza reanuda sus deseos de un mundo libre;
Que se sostenga de una amistad verdadera,
Imperecedera como la historia de Boca Negra,
Y el Pico Duarte no alcanzado.

Alter ego, confidente, almohada donde descansa el día.
Cuervos invisibles cantan la llegada de fantasmas ancestrales,
Pero son silenciados por blancas esperanzas,
Y un minuto de paz.

Promovedor del arte,
Solidaridad, similitud,
Sangre, silencio y soledad.

INHERENCIA *Poética*

Habría que semejarlo a Supermaney,
Apagar el tiempo y entregarse a la dualidad;
A un lápiz involuntario que murió hace años,
A una pelea de lúdicos demonios que usurpan el alma.

El misterio es eterno,
Imposible describir lo indescifrable.

BORGES

En un laberinto de espejos,
Resurge su alma inmortal,
Reflejado en todos y en ninguno al mismo tiempo,
Eres todos, Londres, sos ninguno.

Tú, que eres nieto de héroes,
Heredaste los libros de tu padre,
Y de la cóncava ironía de los dioses,
Los enigmas resueltos, la eterna noche.

Arte poética, Shakespeare, Cervantes,
Símbolos conjugados en infinitos tiempos,
En el azar de dictámenes y reyes,
Los dones, Quevedo, El Martín Fierro.

Tú que soñaste un hombre,
Y Dante el infierno de todos,
Coleridge te soñó en invierno,
Eras tú el hombre, el sueño.

La brevedad fue tu senda,
Gauchos, Tlön, cuchillos,
Homero, Ubar, Aquiles,
Buenos Aires, Orbis Tertius, Palermo.

Límites nunca existieron,
En tu laboriosa llama,
Donde el poniente se inclina.

INHERENCIA *Poética*

Un ajedrez que renace urgido,
Un jardín, una prosa, una mujer,
Un siempre aquí, eternidad, leer,
Un mar sediento, alfiles, torres,
Caballos y peones erguidos.

Ahora en compañía de Joyce,
Kafka, Schopenhauer, Whitman,
Descansando a tu lado, un tigre,
Y más allá el río de Heráclito.

¿A caso Alemania en sus laureles?
Te acoge entre adjetivos,
Y El Sur se apresura urgente,
Como quien aguarda la muerte.

Lector, arte de la cita misma, avidez,
Libros danzantes en anaqueles de mármol,
Elogio de la sombra, la Pampa, fervor,
De Argentina a Suiza,
De Inglaterra a España,
Del infierno al cielo,
Y las interminables bibliotecas del Oriente,
Cánones, en el pasado el perdón, mitologías, rosas.

Poética

Vastos libros nunca escribiste,
Lector antes que escritor siempre,
Se quiebran los espejos,
La muerte canta una milonga,
El sendero bifurcado,
El dios del hambre conjeturado,
¿Acaso el mal sueña al bien?
¿Acaso yo que soy tú y tú qué eres todos,
somos ruinas circulares en la memoria de Funes?

Pero el tiempo sabe más,
Entiende más,
De enciclopedias, esquinas rosadas,
Dictaduras funestas y mendigos,
Ficciones dentro del Aleph,
Virgilio, Espinoza, Homero,
Stevenson, Woolf, Casa Tomada.

Francisco Isidoro Acevedo,
A quien debemos un mar,
Quien prefiere ser olvidado.

La muerte llegó a tu cuerpo,
Y en vano lo invadió en Junio,
En Ginebra yacen 86 años,
En vano, en vano...
Pues siempre fuiste inmortal,
Lo sabías, por eso la duda,
Porque el cuerpo no entiende de inmortalidad.

INHERENCIA *Poética*

Invocarlo es saberse unidos,
A un mismo destino,
De desiertos, viajes en globo, y azares innombrables.

Ahí estás vos,
Aún buscando un libro,
Bifurcando con tu imaginación,
Senderos soñados, hombres, dioses.
Ahí estás vos,
Aún en la biblioteca,
Entre anaqueles infinitos,
Leyendo, leyendo en una esfera,
Atravesando la realidad, saliendo del otro lado,
Surcando ficciones que desconocemos,
Para ti es rutina, es lo que eres,
Tú y tu yo,
Universos,
Borges.

VOY CAYENDO

Voy cayendo,
Caer no siento deseo de,
Detrás de una gota de lluvia,
Y no puedo ver qué tan cerca estoy del suelo,
Sin poder tan siquiera palpar el aire,
Que cuando creo atraparlo,
Se me escapa, se escabulle en el tiempo,
El tiempo eterno e irreversible,
A mi lado miro las demás gotas,
Y detrás de ellas otras,
Que me miran con desvelo,
Y sobre algo que no entiendo,
Me advierten con recelo,
Cada vez más siento caer,
Y pareciera un caer sin fin,
Un caer ya cotidiano,
Por instantes creo subir,
Creo dormir,
Siento sentir,
Caigo caer,
Duermo cayendo,
Caigo sintiendo,
Pero hoy,
Irremediablemente contradigo mi sentir primero,
Hoy sé que caigo,
Y con ferviente deseo,
Con las gotas a mi lado,
Deseo caer en sus labios.
Voy cayendo, voy cayendo, cayendo...

COHERENCIA POÉTICA

Profundidad que se escapa,
Los sentidos distraídos,
No perciben su fuerza,
No se inclinan al vacío.

Oscilar entre átona y tónica,
Camuflarse en la sutil comparación,
De la tradición y lo contemporáneo.

Romper barreras sonoras, redundantes, Apócrifas,
Sufijos marginados,
Extensiones del Ser,
Carcomidas golondrinas,
Por el tiempo inexistente.

Más allá de la poesía,
Al borde de ningún precipicio,
Bajo lágrimas y lluvias,
Sobre fuego y Agosto,
Con aceite y pescado,
No aceptan a Dante en el purgatorio,
Ni a Dalí en la Surrealeza.

Musicalidad en las graves,
Ritmo en las agudas,
Fidelidad en las esdrújulas.

Triángulo poético,
Más allá del sentido,
Entre nubes subconscientes,
Mientras el hacha va y viene.

INHERENCIA *Poética*

Terminologías determinan,
El sin sentido del lenguaje,
Gramática dictatorial,
Sueños de libertad.

Pero la libertad condena,
Como el desconocer,
Como la ignorancia prestada.
Si no es humilde libertad.

La lógica no abarca,
La profundidad del poeta,
La totalidad traspasa,
Todo formato elocuente,
Más bien es lo inconexo,
Que resucita al lector.

Pero cuidado con el pseudo arte,
Que abusa del libre verso,
No son poetas aquellos,
Quienes sin Totalidad proceden,
Y piensan que palabras sueltas,
Privadas de intrínseca esencia,
Belleza y razonamiento ofrecen.

Global y local,
Semántico y sintáctico,
Estructura, paralelismo, ritmo y métrica,
Términos que se pierden,
Si el sentir vivo no toca,
El Ser que renace al Ser.

Poética

La poesía trasciende,
Toda conexión lingüística,
Toda lógica consecuente,
Todo todo unificado.

Es en el triángulo poético,
Que yace la respuesta,
Una invisible sintaxis,
Que se funde con el tiempo,
Que planea libre y desaparece,
Como un jardín en las nubes,
Como el verano en invierno.

MUERTE Y ANGUSTIA

Creencias rigen el pensamiento,
La incertidumbre se revela,
Como un aterrante infierno de posibilidades,
Milenios sin respuestas.

Ansias, paranoia, expectativas,
Decepciones, llanto, ausencia,
La vida es también un misterio.

Se escapa al entendimiento humano,
O la ilusión nos atrapa,
Somos lo que pensamos,
Pero la esencia del saber,
Del misterio resuelto,
Existe y nos prohíbe la entrada.

Quizás el alma exista,
O las coincidencias,
Una reencarnación podría sólo ser,
Una imperfección humana que se repite,
Que como humana tiende a humanizar.

A penas nacemos y ya somos intelecto,
Condenados a la Angustia del saber,
A una balanza que se quiebra entre,
Aquello y lo no aquello,
Entre lo claro y lo oscuro.

La Angustia es el desconocimiento,
La verdad que se oculta,
Un infierno terrenal que hierve las esperanzas.

INHERENCIA *Poética*

El suicida no se entera del suicidio,
Y esto es ya asegurar que sabemos,
Que el suicida no recobra algún sentido,
No soy quién para afirmarlo,
Es dominio tan extraño,
Tan distante al que conozco,
Tan angustiante.

Una prisión sin celdas ni cadenas,
Los dioses sordos al dolor,
Ciegos al sufrimiento.

La ignorancia nos consume,
Eternidad en la muerte:
Invenciones inteligentes,
Deseos de siempre existir,
Tendencia a la avaricia.

¿Quién se beneficia de la mentira?
¿Quién se lucra de la ignorancia?
¿Quién castiga?
¿Quién ajusticia?

Buscan moldear a los vivos,
Con creencias en los muertos,
¿Por qué no moldean a los muertos,
con sus vivas creencias?
¿Acaso no son más los muertos,
acaso no están más necesitados?

NUNCA ESCLAVA

Sí, en ti amanecen noches de lluvia,
Un atardecer radiante,
Infinitas primaveras,
Que surcan entre nubes tu eterno Ser.

Es tu voz un cuento fantástico,
Que hipnotiza el pensamiento,
Y congela el tiempo,
En un futuro presente continuo,
Que cuelga del contratiempo de un presente perfecto.

Una gota explota en tus labios,
Y la fantasía nace, trasciende, vuela...
Aterriza en la arena,
Acariciada por las olas,
Las huellas a lo lejos,
Como sendero indeleble,
Hacia atrás miras sonriente,
La brisa mágica atraviesas con tus soles,
Como lanzas, como espejos,
Como la roca catapultada,
Que nunca regresa,
Que nunca es esclava.

INHERENCIA *Poética*

POE

Encontrar en lo macabro,
Un propósito superior,
Que trascienda siglos y milenios,
Supone que su creador,
Nace y muere en las entrañas,
De un agobiante infierno.

Una muerte sospechosa,
Ronda el despertar,
De tus últimos días.

Muerte que es sólo un sueño,
Como la vida dijo en vida,
Pero existen conclusiones,
De envidia a su talento,
A su gran devoción macabra.

El péndulo se pasea,
Del infierno al cielo,
Y el gato silencioso,
Destroza un corazón entre tablas latentes.

The raven eats the blood,
That spills the Amontillado,
And the beautiful death,
Is found in the face,
Of Lenore.

William se aproxima,
Wilson lo espera,
The fall of the house is near,
El corazón le delata,
La muerte siempre es prematura,
Cuando el propósito es inmortal.

La Rue Morgue destila muerte,
Y también innovación,
Muchos son los que le adeudan,
Modernas series con tu fórmula,
Se han lucrado de tu talento.

Sé quién eres,
Valdemar,
W. and W.,
El gato,
El corazón,
Las llamas,
El vino,
Devoción,
Militar...

Tu entierro prematuro nos privó,
De otras historias geniales,
Pero tu inmortalidad está segura,
Milenios tras milenios,
Vencer la muerte fue tu fin,
Como la trascendencia,
De tus versos.

Te encuentro entre palabras,
En el invierno,
En una calle del Bronx,
En un tren sin rumbo.

Gótica ficción,
Realidad contemporánea,
Se te encuentra en todas partes,
Como oxígeno que salva,
Cuentos, poemas, ensayos…
Eres relámpago en la oscuridad.

Vicios, ediciones,
Cartas, amores,
Pretensiones, fracasos,
Sueños, desalientos,
Devoción, literatura.

Tu vida fue un cuento eterno,
Canción con versos sin nombre,
Pasión que se agota,
En la mirada preciosa,
De una bella dama.

Oraciones concatenadas,
Con firme pluma poética,
Sutil poesía que clama
Una trascendencia mayor,
Sobre el pasto,
En la lluvia,
El cantante y su melodía,
Despliegan con armonía,
40 vidas de historia.

DEVOCIÓN

Todo empieza siempre,
Sin la mínima intención de empezarlo,
Por lo menos la cosquilla,
Que se balancea en mi ojo izquierdo,
Y que sin yo saber cómo,
Salta al derecho sin pedir permiso,
Y ella, ella ni se percata.

Por lo menos la intranquilidad de mis piernas,
La calentura del cuerpo,
El olor de las rosas,
El olor de los versos.

Yo noto sin poder disimular el fuego en sus labios,
Y la línea que forma su boca cerrada,
Pero me sorprendo mirando sus senos de marfil,
Y rápidamente curvo la vista,
Pero en ella, siempre en ella,
Y ella ni siquiera se percata.

La imagino caminar, la veo caminar,
Y me pierdo en su ritmo,
Me ahogo en su armonía,
Y recojo las notas que va dejando en el olvido,
El Sol mayor y el Do sostenido.

Veo su alma cuando habla,
Y yo vivo al morir en cada sílaba pronunciada,
En cada pequeño soplo de aire que ella exhala,
En forma de gardenia,
Pero ella, ni se percata.

INHERENCIA *Poética*

Yo la miro con mis manos,
La escucho con mi boca
Y la toco con mis ojos.

Yo me abandono a su tiempo,
Rompiendo mi único reloj,
Me desamparo a su juicio botando mi única brújula,
Y me pierdo en su laberinto sin deseos de salir.
Y ella ni se percata.

Entonces he perdido el juicio al soñar,
Que ella también me sueña,
Despierto en su sueño y me alegra que así sea,
Y ella despierta en el mío, sonriente, plena,
Y ya atrapados en el sueño,
Ella en el mío y yo en el de ella,
El mundo se mira más afable,
Y yo nunca me rindo...
Y ella, ella se percata.

THE RIVER

The river's a baby as it is,
Not knowing that he's very vicious.

The river's a toilet as it is,
Flushing all the sediments into its bits.

The river's a baby running down the hill,
She giggles and gurgles eating to her will.

The river's a fish swimming in the sea,
And it goes into someone called Be.

Written by: Blake Ramírez
Age: 7

FILOSOFÍA

Mucho antes del Mileto de Tales y Anaxímenes,
El Ser y la Muerte ya filosofaban,
Y el cosmos designaba,
Sucesores y precursores.

Una lucha entre lo cambiante y lo siempre igual,
Nace de 2 filósofos trascendentales,
Pero la propia Trascendencia,
Converge y funde todo,
Mixtura y crea,
Vuelve y nace de los 2,
Un 1 totalizador.

Tres pilares se adelantan,
Al decurso histórico,
Saber que no se sabe nada,
Una república que elimina poetas,
Un dedo hacia la tierra que cementa,
La raíz de la ciencia.

Pero saber que no se sabe es ya saber,
No se puede eliminar,
Lo que se utiliza para crear,
La metafísica y la física,
Nos deparan en la ciencia,
Porque primero existió el sueño,
El siempre bienvenido atrevimiento,
A pensar,
A dudar.

INHERENCIA *Poética*

Helenistas,
Cínicos, escépticos.
Epicúreos y estoicos.

Entran los mitos religiosos,
San Agustín y Tomás de Aquino,
Hacen eco de Anselmo.

El hombre se come al hombre.
Voy a dudar de todo,
Menos de lo que pienso.
La naturaleza es Dios,
Se inclina el mejor de los mundos posibles.

Iluminismo, liberalismo, trascendentalismo,
Pero, ¿qué se ilumina?
¿Qué se libera?
¿Qué se trasciende?

Empirismo y Racionalismo,
Abrazan al inmaterialismo,
Que luego Kant mixtura y trasciende,
No sin antes hablar con Hume, Descartes, Spinoza…

Schopenhauer and Hegel,
Odios encontrados,
Se trascienden el uno al otro,
Nacen a Marx y a Nietzsche,
Y con ellos,
Una amalgama de sucesores.

INHERENCIA *Poética*

No sin antes angustiarse,
Kierkegaard trasciende a dios,
Como ya lo hizo Descartes,
Pues Abraham mata a Isaac,
Por orden divina,
Por capricho celestial.

Being and Time se asoma,
Being and Nothingness le sigue,
Entre el Dasein y el Ser para sí,
Entre la Autenticidad y la Libertad,
La Muerte y el Miedo,
La mismidad y la otredad.

Sísifo con su roca eterna,
El sexo redefinido,
Fenomenología que trasciende la consciencia,
Progresión analítica,
Límite del lenguaje,
Límite del mundo,
Escuela de Friburgo,
La Banalidad del mal.

Llegan los posts,
Modernos y estructuralistas,
Arremeten contra el poder,
Incredulidad de las meta-narraciones.

Pensar siempre ha sido el motor,
Que ha trascendido los tiempos,
Aunque no baste,
Pensar y luego existir,
Existir y luego pensar,
Se parte siempre del análisis,
Del pensamiento crítico.

Asia con su legado,
Siempre a la par del oeste,
Imparte barriles de disciplina,
Nos sumerge en el yo.

La historia encuentra la forma,
De repetirse y recordarnos,
Que el Ser es lo más urgente,
Lo que controla el balance.

Tecnologías surgirán,
De nuestros egos y emociones,
Seremos dioses inmortales,
Pero incluso *El inmortal*,
Se cansó de vagabundear,
Le pesaba la existencia,
Anhelaba la muerte.

Metafísica de la auto-cultivación,
Reflexión del propio pensar,
Existencia y Conocimiento,
Mente y Razón,
Lenguaje y Valor.

Epistemología, Ética, Lógica.
Lógica que construye,
Una Ética epistemológica.
Ética con epistemología,
Nace una Lógica sapiencia,
Realidad construida,
Sobre una vaga metafísica,
Conocimiento que libera,
Los auto-sesgos impuestos,
Los adoctrinamientos forzados.

Es el *philos* que cuestiona,
La *sophia* que descubre,
El saber de los saberes,
Ontología de la filosofía,
Metafilosofía ad infinitum.

JOYCE

Pensamientos que se piensan,
Como cascada desbocada,
Sin reglas que interfieran,
Sin fronteras culturales.

Los signos de puntuación,
Estorban y confunden,
La mágica prosa que busca,
Liberar los sentidos,
Enaltecer lo común.

Dublín reconstruida,
En el Ulysses ardiente,
Sus calles y sus pubs,
Con cerveza y conversaciones literarias.

Oraciones laberínticas,
Desafían la gramática,
Concriencian el subconsciente,
Trasgreden los moldes,
Los hábitos,
Los estigmas y estereotipos.

Musicalidad del verbo vivo,
Cadencia del reencuentro del Ser,
Finnegan despierta,
Mientras los dublineses duermen.

Devoción a la página,
Retrato del artista,
Bloom es consciente,
Molly lo engaña.

Moderno empedernido,
Te acogieron en Francia,
Precursor y exaltador.

Ininterrumpida secuencia,
Liberador del yugo,
El rechazo no deshabilitó,
Tu creación literaria.

Odisea que termina en Zúrich,
Inmortalizada en el tiempo.

Reinvención del lenguaje,
Donde el artista clarifica,
Revela y extiende,
La imaginación y el sentimiento.

Calles ardientes que en el su
Su que en el de con sí
Historias perdidas piscinas
El argentino te invoca
Como ahora el tu yo nos
Rompecabezas intrépido
Conglomeración vocablos desbocados
Signos ausentes tranvía que corta
Corta la vía vida vía la corta
Salvas los que no conoces

DIOS

Mística criatura,
Siempre ausente,
Golpe que se adhiere al sufrimiento.

Vaga ilusión de los que buscan,
Una respuesta al absurdismo,
Un consuelo mayor,
A sus mundanas experiencias.

Martillazo que destroza,
El cráneo y los sentidos,
Cáncer que consume toda célula,
Todo deseo de libertad.

Guerra mundial que destruye,
Injusta ley que peca,
Veneno tibio y dulce,
Sutil engaño.

Mentira fabricada,
Por quienes buscan el control,
Redundante inexistencia,
Metaficción irresponsable.

Nula conversación,
Improbable postura,
Raíz de la ignorancia,

INHERENCIA

Poética

Argumento ontológico,
Que depara en el no ser,
Cosmología que se une,
A tal fallidas posturas.

Regresa el golpe como lanza,
Cual viento corta a su paso,
Los clamores ignorados,
La justicia no aparece,
Ahora el martillo arremete,
Contra toda esperanza,
Contra toda sensatez,
¿Quién se apiada de los justos?

El cáncer también desaparece,
Pero cobra un alto precio,
Mutila y fusila,
Carcome y aniquila.
La sangre es prueba latente,
De la ignorancia que nos guía,
Regresa el golpe y nos destruye,
Nos entrega a Abraham,
Quien luego del asesinato aquel,
Cumple con el mandato divino;
El Ser se pierde en la paranoia,
Crea historias y las vive,
Fantasías que alimentan,
La sed de divinidad y eternidad.

Irreal criatura,
Nunca presente,
Golpe que inicia el sufrimiento.

FELICIDAD

Brisa que me aturde y reniega la viciosa,
Voluntad de persistir en las sombras,
Misma voluntad que me adhiere,
A la tranquila y soleada visita,
Del sentir pensado como paz.

Destruir estereotipos,
Desterrar odios,
Calcinar envidias.

El horizonte se adueña,
De la superficialidad de mi existencia,
Y renueva como el río,
Centímetros de oxígenos,
Pulgadas de paciencia,
Metros de autoestima,
Millas de entendimiento.

Es un renacer que vuela,
Sobre tonos, tonalidades y tonadas,
Sobre acordes que resucitan,
Tras el deleite del milagro.

Brisa que me aturde,
Que me traga y me escupe,
Segundos inexistentes,
Que se adhieren a la nada.

Pero hay un ahí,
Como el cómo que exclama,
¡Vivir es sentir!
¡Sentir!
¡Sentir!
Pero sentir se define,
De múltiples maneras,
Es entonces cuando sentir,
Se presenta auténtico,
Que se nos permite pronunciar,
Tal versión auténtica.

LIBROS

No es la monótona respuesta,
De que los libros salvan vidas,
Eso es imposible,
La vida la salva el entendimiento;
Aunque un buen libro,
Puede salvar el entendimiento.

Despertar es prioridad,
Avanzar el intelecto,
Erradicar la ignorancia.

Un paraíso para Borges,
Liberación para El Quixote,
Eternidad para Kafka,
Navegación para Verne,
Educación para Woolf,
Sueño para Dostoyevsky.

No están muertos,
En los anaqueles,
Viven en el pensar de siempre,
En el sentir del pasado hecho presente.

Trozos, mundos, universos…
Un martillazo Nietzscheano,
Palabras que son acciones,
Acciones que se convierten en Ser,
Si el lector está atento.

INHERENCIA *Poética*

De Metaficción en Metaficción,
Nadan las historias,
Se sumergen en el subconsciente,
Atraviesan neuronas y rigolas,
Cantan, surcan, pasan por Benjamin,
Continúan hacia Adorno,
Deparan en la consciencia colectiva,
Como un despertar confuso,
Entre seres conocidos y lúcidos.

Siempre algunos en espera,
Por la brevedad de la existencia,
Otros que prefiero olvidar,
Distanciarme del recuerdo.

Se caen de los anaqueles,
Y me golpean el cerebro,
Como una explosión de planetas,
Que describen universos.

Internet los imita,
Mucho antes de los diagramas de flujo,
De los sistemas operativos,
Y de hardware y softwares,
Ya existía el multiverso,
Donde todos los pensamientos posibles,
Son conjugados y luego,
Trascendidos.

WOOLF

Las piedras en tus bolsillos,
No impidieron tu trascendencia,
Aún resuenan tus posturas,
Aún retundan tus oraciones.

Como la ola que se pierde,
Contra la cómplice roca,
Y el faro que guía,
Personajes y destinos.

Sobrepasaste las barreras,
Impuestas por dictadores,
Te educaste en la biblioteca de tu padre,
Construiste del valor,
Un cuarto propio.

Corre el fluir de la consciencia,
En el interior de los monólogos,
Tus lecturas,
Alimento para el futuro.

Algunos malinterpretan,
Tu crítica feminista,
Otros la rechazan y se hostigan,
No comprenden la esencia,
Se pierden en ideologías baratas,
Se rinden ante la ignorancia.

¿Fue un lunes o un martes?
El misterio continúa,
En ambos existen universos,
Devoción literaria,
Que engendra sucesores.

Libre sexualidad,
Que transgrede las costumbres,
Bloomsbury desafió,
La sociedad victoriana,
También es austera la presente,
E intenta adoctrinarnos.

La salud mental del poeta,
Vuelve a ser cuestionada,
Pero el arte sobrepasa,
Toda calamidad humana.

Humanista, pensadora,
Bajo un árbol yacen tus cenizas,
Y Bajo el firmamento,
Tu eterno legado.

INVOLUCIÓN

Ya si somos sólo nalgas y tetas,
Solo dinero y prendas,
Solo likes sin porcentaje,
Una pantalla en decadencia.

Hemos hecho del hambre un deporte,
El plato fuerte son niños a término medio,
Con una salsa de abandono.
El aperitivo fue costillas desnutridas con deshidratación prolongada.
El postre es un esfuerzo consciente,
De bloquearlo todo,
De ignorar los que en este segundo,
Son asesinados por el sistema.

Hemos perdido la noción de lo imprescindible,
Sometidos a una involución voluntaria,
Que nos carcome el Ser.

Crearon el escenario perfecto,
Para la extinción total,
Administraron los recursos con precisión,
Para chocarse con la muerte.

Lo superfluo controla el torrente sanguíneo,
Se roba la dopamina,
Y viola el recuerdo de algún libro auténtico.

Se han auto-cosificado,
Del placer son esclavos,
La ignorancia es rentable,
Exceso de positivismo,
Y un consumismo adictivo,
Que destruye el sentido crítico.

Somos fármacos con piernas,
Opioides con dependencia humana,
Receptores cerebrales sin emisores,
Sobredosis de un tiempo muerto,
Con tolerancia anestésica.

INHERENCIA *Poética*

¿Quién niega lo innegable?
Ayer andábamos desnudos,
Hoy somos la prehistoria.
¿Quién refuta lo irrefutable?

Preso el intelecto,
Vacíos los escritores,
Extinguidos los libros,
Renuncian los lectores.

Despreciamos con facilidad,
Lo que en su momento enalteciamos,
¡Oh el idioma!
¡Qué será del idioma!
Lo maldecimos sin sentido,
Como la vida aborrecemos,
El dolor nos guía,
El nihilismo eterno.

Un mojón con más valor que Crime and Punishment,
Hoy la mierda es medicina y pensar una leucemia,
Esclavos pantallescos controlan el devenir.

INHERENCIA *Poética*

La fama crea monstruos,
Engaña idiotas,
Nunca ha creado una obra maestra,
Se auto-engaña,
Genera dictaduras,
Administra sesgos,
Suprime neuronas.

La involución llega con los mitos religiosos,
Se propaga con el ejercicio político,
Se alimenta de la tecnología,
Avanza con el analfabetismo cultural,
Crece en la ausencia del poeta.

Nietzsche vuelve a acertar,
Con la reevaluación de los valores,
Con el Eterno Retorno,
Con la voluntad de poder.

Equívoca idea del éxito,
Transgresión al individuo,
Forma de controlar a las masas,
Asesinos de la libertad.

*Abusan de la música,
Con letras intrascendentes.
El arte es nieve en el desierto,
Y un preservativo en el zafacón.
Es una falsa ideología,
Una hamaca sin sogas,
Pornografía de un mañana sin erección.

Las opiniones sobran,
El raciocinio se esconde,
Mitigamos los miedos con sesgos de confirmación,
La soledad y el aburrimiento repelan,
A ignorantes virtuales.
Somos concón desaborido,
Cocos sedientos,
Alambrada sin parcela,
Lluvias triviales que ahogan el intelecto.*

Alguna vez se surcaron historias trascendentales,
Se vivió una soledad de 100 años,
Un perfume asesino,
Un extranjero y un Sísifo,
Se vivió una estación en el infierno,
Se mató a un ruiseñor.
Y un viejo se enfrentó al mar.

Hacia el pasado avanzamos,
Perpetua gravedad que nos succiona,
El universo cede,
El multiverso también,
Desaparecemos en un hoyo negro,
Que ignora todas las leyes de la física,
Cuántico espacio sin moléculas,
Sin tiempo que rija el curso subatómico,
De un laberinto infinito de oscuridad,
Quisiera decir que es larga la condena,
Pero en el vasto lugar vacuo y negligente,
Sólo la nada sobrevive.

Einstein's Pineapple

Invisible fuerza que te impide,
Normal incentivo sin sentido,
Negación del intelecto,
Estrategia estratega.

Un canto sin moraleja,
Avanza entre las cosquillas,
De un orgasmo de rutina,
De un sentir sin sentimiento,
De la maleza y el rey,
De los testigos ocultos,
De los mendigos caducados.

Pretensión de hacer,
Camuflaje incendiario,
Cosmogonías del pasado,
Azúcares del hoy,
Que de dopamina en dopamina,
Carcomen el Ser.

INHERENCIA *Poética*

Una realidad ficticia,
Una ficción real,
Un umbral de intrusiones,
De enigmas,
Se adueñan del universo.
Sin entender se entiende,
Sin buscar se busca.
Tlön cede y con él,
El universo.

El Apocalipsis erra,
Las predicciones se escapan,
A plumas inhóspitas.

¿Quién advierte ahora?
¿Quién se escapa?

Los libros arden,
En las hogueras subconscientes,
De una decisión consciente,
Inducida por un poder,
Que trasciende al portador.

INHERENCIA *Poética*

No son fuerzas que se atraen,
Es una curvatura comprimida,
De espacio-Mlejnas,
El universo hacia sí mismo,
Tiende a persistir en su propio ser.
La atracción insiste,
La gravedad declina.
El multiverso cede,
Un núcleo cuántico le invade.

Sin saberlo quiere ser,
La destrucción de su ser,
La voluntad de poder,
La prohibición de renacer,
Sin reencarnación que ofrecer,
Con elogios convencer,
Ficciones al anochecer,
Totalidad enmudecer.

NIHILISMO

Aplicaciones dictaminan el futuro,
Consciencia de un mundo inconsciente,
Tiempo ficticio que controla la percepción,
Pantallas sedientas de miopía,
Edificios decadentes.

La brisa carga un olor rancio.
La memoria de un mejor presente,
Oscila entre el sufrimiento y la muerte.
Vagas sombras sin arte,
Terrible arte sin fondo.

Vuelve la cadencia asesina,
Nihil regresa,
No como una teoría,
Sino como existencia.

Simulacra de un rigor,
Simulación de la ciencia,
Hyperreality que agobia,
Fabricación controlada.

El sentido es subjetivo,
Instinto de conservación,
Una cadena alimenticia del saber,
Devora a los que no piensan.

INHERENCIA *Poética*

Frágiles ideales,
Ignorantes ideas,
Esperanzas inservibles,
Cuentos inciertos,
Dolor irreversible,
Libros impunes,
Velocidad inerte,
Narcicismo idiota, irreverente, infame, indecente.

Las razones sobran,
La razón se pierde,
Entre la copia y el original,
Una amalgama encuentra,
Neuronas aún intactas.

Codificar el mundo,
Diagrama de flujo sin cauce,
Salida y entrada,
¿Se entra cuando se sale?
¿Quién opera el sistema?

Símbolos que nada representan,
Simulación de avance,
Virus digitales que deprimen,
Filtros que alimentan el ego.

Libros olvidados,
Páginas que esperan,
Oraciones que liberan,
Palabras sedientas,
Hambre sin sentido,
Oxígeno ignorado.

INHERENCIA *Poética*

Fuerzas extrañas nos invaden,
Pero la distracción impide,
Un contacto con lo real.
Somos un sin sentido,
Caducidad de un sueño efímero,
La auto-mentira nos ayuda,
Nos desvincula de toda culpa,
De toda responsabilidad,
Creer es conformidad,
Pensar es libertad.

NO TRUST

Somos los candados de nuestra desgracia,
Contratos imperecederos que ahogan,
Constituciones fraguadas en guerras,
Sangre de inocentes en las miradas.

Extinta la confianza,
Nos reducimos a bagazos andantes,
Cuerpos sin ser que anhelan,
Una muerte sin resurrección.

Inventamos trillones de formas,
De mancillar la confianza.
Construimos lagunas de azufre,
Ventanas de hierro,
Bóvedas de fuego.

Comerciales eluden,
Una veracidad trascendente,
La mentira asciende,
El respeto agoniza,
Raíz de un mal,
Que en las entrañas florece.

Somos los candados de nuestra desgracia,
La muerte es otra página no leída,
Nihilismo con finalidad,
Finalidad individual que mata la otredad.

Contratos imperecederos que ahogan,
Toda virtud,
Toda alusión a lo humilde,

INHERENCIA *Poética*

Cada intento de liberación.

Constituciones fraguadas en guerras,
Esclavos del pasado,
Se rehúsa la piedad,
La tolerancia,
El saber,
Ni una pizca de paciencia,
Ni una borona de prudencia,
Ausencia de toda racionalidad.

Sangre de inocentes en la mirada,
En vano surgió el siglo XVIII,
Oscurantistas apagan,
La lámpara del conocimiento.

Candados imperecederos fraguados en sangre,
Extintos bagazos sin resurrección que morir,
Trillones mancillados con azufre, hierro y fuego,
Eludida trascendencia,
Mentira respetada,
Mal en las entrañas,
Condenados a las páginas de un nihilismo que mata la otredad,
Se ahoga la virtud, humildad esclava del poder,
Fraguar esclavos que rehúsen la piedad, la tolerancia y el saber,
Ausencia de toda paciencia,
Imprudencia irracional,
Oscurantismo y sangre,
Conocimiento vano,
Pasado que arrecia contra la unión.

SE MARCHA EL POETA

Salud mental mencionan,
Como si no fuera un derecho,
Elegir lo inevitable,
Trascender el espectáculo.

Vivir en la mentira,
Que es protegida y emulada,
Ignorantes del cristal,
Lluvia infinita de sueños muertos,
Ahogados momentos,
De felicidad fingida.

Solos,
Solos,

¿Quién conoce el cosmos neuronal?
Con mis facultades todas,
Consciente del acto eterno,
Contemplar el mundo por un rato.

Es un error humano,
Una falta de entendimiento,
Anhelar la eternidad.
Se busca un placer infinito,
Se elogia el egoísmo.

Dejar ir,
El posesivo es un mistake de los idiomas,
Sartreana libertad de mierda,
No elijo,
Me eligen.

INHERENCIA *Poética*

El cristal es una pared,
Ladrillos infinitos de egos,
La vida pesa,
Pesa el martirio del entendimiento.

Totalitarismo invisible,
Auto sometimiento,
Decadente autonomía,
Virus subconsciente que,
Cede al adoctrinamiento.

Seppuku determinante,
Filo que corta los sentidos,
Pronto el olvido,
Ya casi el despertar,
Tomo consciencia de la realidad,
El mar ahora me toca.

Mis versos ahora volcanes,
Ríos que invitan al Ser,
Cenizas de un pasado eterno,
Eternidad de un futuro incierto,
Canciones del sufrir,
Liberación del arte.

Libres, libres los versos flotan,
Nadan, coaccionan,
Se estrellan contra el sol,
Abrazan la muerte,
Desencadenan huesos,
Atormentan dictadores,
Apaciguan violencias,

Transgreden leyes corruptas.

Mundo imperfecto,
Dolor y caos,
Manos se despiden,
Con dolor de guerra y hambre,
Fantástica vida,
De esperanzas perdidas,
De ilusiones fútiles.

Entre nubes de hierro,
Con olor a cacao,
El absurdismo me impulsa,
Cedo y corro hacia la muerte,
Entro y el silencio me recibe,
Ya sin cárceles,
Sin mentiras,
Sin control,
Aquí termina la ficción,
Empieza la eternidad,
Al fin,
Llega la inmortalidad del poeta,
La trascendencia me aguarda.

ALSO FROM JAIRO RAMÍREZ

Ficción-Realidad (2022)
Ser y Muerte (2023)
Mlejnas (2025)

Poetic **Inherence**
Jairo Ramírez

Poetic
INHERENCE

Poetic Inherence
All Rights Reserved 2025 ©Jairo Ramírez

No portion of this work may be reproduced or transmitted in any form or by any means—electronic, mechanical, photocopying, recording, or otherwise—nor stored in any information retrieval system, without the prior written permission of the copyright holder, **Jairo Ramírez**, except in the case of brief quotations used in reviews or critical articles for print or online publication. Unauthorized distribution of copyrighted material is strictly prohibited. Purchase only authorized editions.

ISBN: **978-1-9194422-0-4**

Editor: **Jairo Ramírez**

Translated by: **Jairo Ramírez**

Cover: **Jean Carlos García**

Published in England, UK.

To my Mother,

CONTENT

- Prologue — ▶12
- Poetry
- Existential Angst — ▶20 ▶23 ▶27 ▶28
- Cortázar
- Absence
- To Write
- The New South — ▶30
- Sto Cadendo
- As If They Could
- Rogelio's Blue
- Borges — ▶38 ▶36 ▶34 ▶33 ▶16
- I'm Falling
- Poetic Coherence
- Death and Anguish
- Never a Slave
- Poe — ▶49 ▶52 ▶54 ▶55 80◀
- Devotion
- The River
- Philosophy
- Joyce — ▶60 God — ▶62
- Happiness
- Books
- Woolf — ▶68 ▶70 66◀
- Devolution — ▶75
- Einstein's Piña — ▶77
- Nihilism — 64◀
- No Trust
- The Poet Departs — ▶83 48◀ ▶46

42◀ ▶43

PROLOGUE

The invisible force that connects poetry, the poet, and the reader, emerges like a volcanic eruption. Linking ideas together has always been an exercise that requires neuronal intervention, but when these ideas are transmuted into verses, they undergo a metamorphosis that delivers them into a poetic universe.

No one truly knows when it arose, or who uttered the first poetic intonations; what we do know is that an infinite forest appeared in the middle of a desert. The story is always remembered, because in the year 1781, Túpac Amaru II, before the failed attempt at his dismemberment, expressed in Quechua—or rather, wept some words to the wind—and out of nowhere appeared chords, blue elephants, mountains, and vast rivers.

Beyond poetic metaphysics, or poetic posterity, the thread that unites the poetic triangle lives inherently in each part of the triangle. In this way, poetry encompasses everything and supposes infinite possibilities.

From pain, beauty can be born; from beauty, pain. Anguish can become the discovery of truth, and an accepted truth can be the greatest lie in all the historical course.

Limits are nonexistent. 1781 connects with 1996. 1996 continues the connection six months later, on March 9, 1997. Death is a great connecting thread, because it complements the idea of a Totality that governs the cosmos.

Poetry is a perfect anomaly that transcends the senses. It is a music that invades, recalls, and transforms. From that transformation arises the possibility of renouncing some yoke or indoctrination. It is also pleasure and conformity; for the poetic triangle depends on the metaphysical power of all its parts.

When the subconscious expresses itself, and dream intermingles with reality, the poetic triangle can result in a surrealism that transcends all logic and all restraint. This surrealism walks us through streets and cities never before explored in a conscious manner.

Each syllable, each word, is a musical composition that makes up the Totality of the poem. Within the poem, there must exist the impression of a Totality that governs the rhythm and verses. The theme must encompass all possible dimensions, or provoke in the poetic triangle the sensation of having exhausted every resource, every action or possible angle within the poem.

To weep words to the wind, to create surrealisms and metafictions that affect a reality unaware of its own state, to link words, verses dictated by the necessity of Being, disruption against totalitarianism and slavery, to immerse oneself in beauty, to touch the horizon, to transmute fears, to release frustrations, to change history, to predict the course of history, to live with authenticity, to receive humility, to question facts, to silence hatred, to transcend Being.

December 2025
Oxford, UK
—Jairo Ramírez

POETRY

Perfect anomaly that transcends the senses,
Plurality of knowledge,
Extension of the infinite.

Spontaneous vibration,
Subtle and fierce fit,
Caressing wind,
And devastating when it wishes.

From cursed poets to mediocre ones,
From the fervor that illuminates,
A burning reason,
To plastic lies,
That destroy the intellect.

Invisible hegemony,
Of interposed words,
But the feeling arrives,
If it connects with cadence,
And undulates in the gazes,
Of intense conjugations.

It is Alonso's Sancho,
Dupin's friend,
Sherlock's Watson,
Rimbaud's Verlaine.

It is multitudes,
Flowers of evil,
A divine comedy,
Black heralds.

Force that from the sea,
Bends and transcends us,
Food for feverish birds,
Weary snow, renewed snow,
Spinoza's god,
And an altruistic relation,
Between gravity,
And relativity.

To wave like the wind,
From the tree to the rock,
That cuts the farmer's finger,
Passes through woods,
Through the bricks of time,
Through the never-same river,
The olive trees and Aristotle,
Converses with Alexander,
And confronts the Persians.

Nietzschean hammer,
Maxim that shatters,
Passing ideologies,
Neither thought through nor criticized.

Indoctrination does not exist,
In the free verse that flows,
It is a sweet sapience,
A masterful awakening,
With colors that overflow,
The limits of understanding.

The **A** that stalks the tower,
The **D** that calculates the pawn,
The **F# minor** that sacrifices the bishop,
The E that checks the king,
Mermaid that sings,
Millennial melodies.

Nonexistent morality,
Avalanche of dreams,
Feeling that rebirths the memory.

Postmodern cambalache,
Vibrations take hold,
Of a body already possessed,
By a being that points to it,
A poet who sings to it,
Who surrenders,
Who expands.

Quantum volcano,
Natura that dances,
Between gladiators and indigenous people,
Murderous colonizers,
Without humanity in their genes.

Impartiality in breakdown,
Veracity found,
Among ambiguous words,
Disconnected lines,
Leave traces of reality.

Artificial reasoning,
How is reality measured?
If fiction affects being,

It's already a non-artificial reasoning,
To argue then,
Falls like rain in the jungle,
Nonexistent in its moment,
Now eternal in memory.

The reader is the one who connects,
Feelings and experiences,
Pain and Death,
Cancer and Cure,
Anguish and Certainty,
Knowing oneself finite in an infinite universe,
The feeling,
Returns our humanity to us,
Forgiveness saves us,
From meaninglessness,
Humility brings us closer,
To immortality.

I am the cosmos,
Multidimensional opening,
From nothingness I resurge,
Like the weight of history,
With the random course,
That totality encloses,
And much more than four letters,
In me lies nonexistence,
And an existence that amalgamates,
Some ellipses,
And between heat and cold,
I am the hand that touches the horizon.

EXISTENTIAL ANGST

*"The human being is that being who anguishes itself,
and is more profoundly a human being
the more profoundly it anguishes itself."*
—Kierkegaard

Condemned to perpetual Angst,
Nihilism is not enough,
And existentialism falls short,
Companionable solitude.

The decision not taken is a decision,
The belief repudiated is a belief,
A Totality greater than that of the entity exists,
Because an entity already given exists.

One would have to return,
To deconstruct the Dasein phenomenologically,
With great emphasis on the theory of Authenticity,
And reinterpret ontologically,
The State-of-thrownness,
With a hermeneutic free of prejudices,
And personal agendas.

Maxims with the airs of gods,
To assure, 4.
To promise, 3.
To convince, 2.
To abandon, 1.

Freedom that enslaves the senses,
The senses that enslave Freedom,
Fake humanism,
Invisible chains that bind Being,
And lacerate the brains.

A determined Death furrows the corners,
Executioners on motoconchos,
Who ignore the date of their Death,
Money addiction that ends in cultural Suicide.

Some think themselves free,
Faithful believers of a firm Existence,
Faithful followers of millennial theories,
That assure life after Death,
Vague illusion that tames,
And provides fictitious tranquility.

Angst is not only knowing oneself anguished,
It is knowing oneself anguished,
And seeing the imposters of Angst,
Create false ideals,
Not only do they create them,
It is also seeking followers,
Deluded beings who convince themselves,
Because they prefer,
A falsehood to a veracious Angst.

There exist those who sleep,
Those who don't know they are deceived,
Patience with them,
Prudence,
Serenity,
Humility.

Guild where ignorance flourishes,
It is necessary to convince oneself,
Not to question,
Not to think.

Kierkegaard stops Abraham's hand,
While god observes unmoved,
And the innocent and confused son,
Produces in us abhorrence for faith.

CORTÁZAR

You may read this poem in two ways, which the reader can discover naturally; the others are also welcome.

2
A mysterious end,
Dictates the sentences to you,
Like continuous parks,
Like face up one night.

3
Behind a condemned door,
Lies a river and a yellow flower.

15
It's an around to the 80 in worlds,
A day in the 80 of worlds.

5
Travels by bus,
A distant woman,
Who finds on an island at midday,
The health of the sick.

8
Uncommitted writer,
Rather, married,
To the struggle against those who take over houses,
And create apocalypses of Solentiname.

7
Beasts that lose themselves in the ludic,
Axolotl that invades the gaze,
No one is to blame,
If the end of the game is a southern highway.

11
Pursuer of Hopscotches,
With secret weapons that aim,
Toward a model kit,
That is always the same fire.

9
To translate Edgar,
To essay Allan,
Devotion to Poe.

6
Figure of a Boom that still resounds,
Like that wartime birth,
Tireless cronopio,
Incorrigible loner.

1
Florencio is always someone out there,
At hours and unreasonable hours,
And it's that we love Julio so much,
That his fantastic creations,
Hold us in a universe,
Of symbols, secret weapons and ostentatious famas.

16
Search.

4
Exiled, Latin American,
Lover of Jazz,
Friend of a certain Lucas,
Builds counter-novels,
With labyrinthine chapters.

12
Accomplice reader,
Travels between Verne and Dumas,
Stops at Fictions,
Continues his journey with Kafka,
And ends up at the house of Usher.

10
Everything began long before 1914,
And extends far beyond 1984,
His greatness encompasses more,
Than Brussels and France,
Than Italy and Buenos Aires.

13
Those threads of the virgin,
That deceive and destroy,
Are the devil's drool that corrodes hope.

14

Voracious innovator,
Who finds the fantastic in the everyday,
Gives stairs for climbing instructions,
Gives clock for winding,
Gives crying with imagination toward oneself,
And tentatives that show us the other side.

ABSENCE

I went to look for you, but you were not there,
And in that slight space that draws your absence,
I imagined you looking at me,
Calm, serene and firm,
Then a thought stole the moment from me,
And took me to the place where you were not,
Suggesting in turn that I go to find you,
And so I did;
But the absence that draws your space,
Began to paint me,
And upon understanding that you were not there,
I melted into the space,
That drew me just like you,
And entangled me in its absence,
Then upon not finding you,
And I, upon losing myself in your absence,
We found each other there, in yours,
And we stole from the moment that thought,
That of your absence,
and I was no longer there, and you,
Are still a drawing.

TO WRITE

An indomitable music,
Plows through the wind among shadows,
Shadows of silence,
Of the impostor past,
To dream time without.

Magical the moment,
In which words are born,
Letter by letter, syllable after syllable.

And in the rhythm that envelops,
Infinite sentences,
Awake paragraphs,
And unforgettable pages.

The being awakens its being,
The art its art,
Each instant is a memory,
In which the memory is an instant.

Life a dream,
The awakening death.

The wind returns no longer in shadows,
With the impostor future,
No longer in dream,
No longer in life.

A confused awakening,
Among known souls,
The words were guide,
And the rhythm a vertical sea.

Without precocious immutation,
I return from the journey among the shadows,
My hand absent from the pen,
Dances over the burning paper.

Without time to dream,
Past impostor of the,
Silence of the shadows,
Shadows among wind the plows through,
Indomitable music an.

THE NEW SOUTH

Overflowing existential emptiness,
Repugnant egocentrism,
Vanity rules the Being,
Paper ideologies.

Infernal religions,
Insult to the intellect,
god does not concern itself with futilities,
Spinoza's or Nietzsche's?
Uncultured, arrogant, illiterate rulers,
Human Humanoids,
Decadent humanity,
Human decadence of the eternal return.

It was not necessary, we would return by our own accord
To yield to pleasure,
To injustice,
To absurd ejaculations,
To envy,
To the fear of knowing ourselves finite.

Is dying perhaps the answer?
Is our finitude perhaps the best way to know ourselves immortal?
Calculated distractions,
Brains bifurcated by rivers of ignorance.

Humility in extinction,
Creativity without refuge,
Lack of reasoning,
Shelter of the vain,
Schools of racism.

Normalized wars,
Hunger does not bother in another's stomach,
Unpunished rapes tear away the Being with one slash.
Fear of saying that one does not know,
Fear of accepting limitations,
Fear of understanding that one does not understand.

Devices using people,
Hypnotized,
Lost in a putrid limbo,
Absent,
Condemned to a superfluous state,
Trapped,
Their particles disintegrated.

Metaphysical butchers repel poetry,
Egocentric philosophy of a dehumanized reasoning,
Frustrated by impotence,
Condemned to a mortal knowledge.

True knowledge is forbidden to those who lack
Humility,
To those who do not understand Being,
To those who only seek fame,
Money, and ephemeral pleasures,
To those who do not cut through pain,
To those who think that borders exist, countries, flags,
races, skin color...

Sad is the Existence of those who have not awakened,
Bitter is the breath of those who remain silent.

Fire that builds us,
Eternity that claims us,

Totality that adheres us,
Being that always resurges,
Song that cooks pillows.

The Quixotic is repudiated,
The Dantean is hated,
The Woolfian is misused,
The Poean is defecated upon,
The Shakespearean is ignored,
The Joycean is killed,
The Camusian is misinterpreted.
The Kafkaesque is forgotten.

I see users like Strange Fruit,
Hanging everywhere,
They ignore that they are victims,
They pretend what they are not,
Their cybernetic blood surpasses that of the leaves,
I can smell their burned flesh,
I can even write the verses of their tombstones,
The new South is entertainment,
It is the tree that has killed thought.

STO CADENDO

Sto cadendo,
Cadere non sento desiderio di,
Dietro a una goccia di pioggia,
E non posso vedere quanto sono vicino al suolo,
Senza poter nemmeno palpare l'aria,
Che quando credo di catturarla,
Mi sfugge, si sgattaiola nel tempo,
Il tempo eterno e irreversibile,
Al mio fianco guardo le altre gocce,
E dietro di loro altre,
Che mi guardano con insonnia,
E su qualcosa che non capisco,
Mi avvertono con diffidenza,
Sempre più sento cadere,
E sembrerebbe un cadere senza fine,
Un cadere ormai quotidiano,
Per istanti credo di salire,
Credo di dormire,
Sento sentire,
Cado cadere,
Dormo cadendo,
Cado sentendo,
Ma oggi,
Irrimediabilmente contraddico il mio primo sentire,
Oggi so che cado,
e con fervente desiderio,
Con le gocce al mio fianco,
Desidero cadere sulle sue labbra.
Sto cadendo, sto cadendo, cadendo...

AS IF THEY COULD

Huh, as if they could.
As if they could get rid of me,
As if they could tear out my Being,
And throw it into oblivion,
As if they could.

As if I depended on useless conjectures,
On fallacies built with ephemeral words,
As if they could.

As if they could cut off my head,
Throw it into the sea, lacerate my body
And give it as lunch to the Brazilian piranhas.
As if they could.

As if they could hang me from a tree,
And beat me until their tired arms surrender,
And the blood wets the earth that belongs to me,
As if they could.

As if they could freeze time,
So that I suffer even more,
So that I implore them on my knees,
Not to torture me,
As if they could.

As if they could eradicate me,
As they have already tried,
And erase my name from history,
And go from house to house and wash the brains,
Making sure not even the last trace of me remains,
As if they could.

And they can't because Being can't be torn out,
Is not thrown into oblivion,
Because the fallacies are uncovered before me,
Because I am the sea and the piranhas,
I am the tree, I am the blood,
I am the time that tortures them.

I, am the infinite history,
That never left,
That is always being born.
Huh, As if they could.

ROGELIO'S BLUE

It was not necessary to discover him smiling,
passionate,
Temperamental at times and willing at others,
Nostalgic by birth,
And a battling realist.

He navigates a river of poetry that flows into
philosophy; That joins the prose of beaches,
Conscious of humanity's suffering.

He seeks a future memory,
Real dreams that awaken when they sleep,
And speak when silenced.

A historical pain transits his veins,
Through the blood of the dead who cry out for justice.
Sympathy for hope renews his desires for a free world;
One sustained by true friendship,
Imperishable like the story of Boca Negra,
And the unreached Pico Duarte.

Alter ego, confidant, pillow where the day rests.
Invisible ravens sing the arrival of ancestral ghosts,
But they are silenced by white hopes,
And a minute of peace.

Promoter of art,
Solidarity, similarity,
Blood, silence and solitude.

One would have to liken him to Supermaney,
Turn off time and surrender to duality;
To an involuntary pencil that died years ago,
To a fight of playful demons that usurp the soul.

The mystery is eternal,
Impossible to describe the indecipherable.

BORGES

In a labyrinth of mirrors,
His immortal soul resurfaces,
Reflected in all and in none at the same time,
You are everyone, London, you are no one.

You, who are the grandson of heroes,
Inherited your father's books,
And from the concave irony of the gods,
The solved enigmas, the eternal night.

Poetic art, Shakespeare, Cervantes,
Symbols conjugated in infinite tenses,
In the randomness of judgments and kings,
The gifts, Quevedo, El Martín Fierro.

You who dreamed a man,
And Dante everyone's hell,
Coleridge dreamed you in winter,
You were the man, the dream.

Brevity was your path,
Gauchos, Tlön, knives,
Homer, Ubar, Achilles,
Buenos Aires, Orbis Tertius, Palermo.

Limits never existed,
In your laborious flame,
Where the sunset leans.

A chess reborn with urgency,
A garden, a prose, a woman,
An always here, eternity, reading,
A thirsty sea, bishops, rooks,
Knights and pawns upright.

Now in the company of Joyce,
Kafka, Schopenhauer, Whitman,
Resting at your side, a tiger,
And beyond, Heraclitus' river.

Does Germany on its laurels?
Welcome you among adjectives,
And the South rushes with urgency,
Like one who awaits death.

Reader, art of the quotation itself, avidity,
Dancing books on marble shelves,
In Praise of Darkness, the Pampa, fervor,
From Argentina to Switzerland,
From England to Spain,
From hell to heaven,
And the endless libraries of the East,
Canons, in the past forgiveness, mythologies, roses.

Vast books you never wrote,
Reader before a writer always,
Mirrors break,
Death sings a milonga,
The forking path,
The conjectured god of hunger,

But time knows more,
Understands more,
About encyclopedias, pink corners,
Disastrous dictatorships and beggars,
Fictions inside the Aleph,
Virgil, Spinoza, Homer,
Stevenson, Woolf, Casa Tomada.

Francisco Isidoro Acevedo,
To whom we owe a sea,
Who prefers to be forgotten.

Death came to your body,
And invaded it in vain in June,
In Geneva lie 86 years,
In vain, in vain...

For you were always immortal,
You knew it, that's why the doubt,
Because the body doesn't understand immortality.

To invoke him is to know ourselves united,
To the same destiny,
Of deserts, balloon trips, and unnamable hazards.

There you are,
Still looking for a book,
Forking with your imagination,
Dreamed paths, men, gods.

There you are,
Still in the library,
Among infinite shelves,
Reading, reading in a sphere,
Crossing reality, coming out the other side,
Plowing through fictions unknown to us,
For you it's routine, it's who you are,
You and your I,
Multiverses,
Borges.

I'M FALLING

I'm falling,
To fall I feel no desire,
Behind a raindrop,
And I can't see how close I am to the ground,
Unable even to touch the air,
That when I think I've caught it,
It escapes me, it slips away in time,
The eternal and irreversible time,
Beside me I see the other drops,
And behind them others,
That watch me with vigilance,
And about something I don't understand,
They warn me with suspicion,
More and more I feel myself falling,
And it seems an endless fall,
A habitual fall,
For moments I think to rise,
I think to sleep,
I feel to feel,
I fall falling,
I sleep falling,
I fall feeling,
But today,
Irremediably I contradict my first feeling,
Today I know I'm falling,
and with fervent desire,
With the drops beside me,
I desire to fall on your lips.
I'm falling, I'm falling, falling...

POETIC COHERENCE

Depth that escapes,
The distracted senses,
Do not perceive its force,
Do not bow to the void.

Oscillate between atonic and tonic,
Camouflage in the subtle comparison,
Of tradition and the contemporary.

Break sound barriers, redundant, Apocryphal,
Marginalized suffixes,
Extensions of Being,
Worm-eaten swallows,
By nonexistent time.

Beyond poetry,
At the edge of no precipice,
Under tears and rains,
Over fire and August,
With oil and fish,
They don't accept Dante in purgatory,
Nor Dalí in Surreality.

Musicality in the paroxytones,
Rhythm in the oxytones,
Fidelity in the proparoxytones.

Poetic triangle,
Beyond meaning,
Among subconscious clouds,
While the axe comes and goes.

Terminologies determine,
The nonsense of language,
Dictatorial grammar,
Dreams of freedom.

But freedom condemns,
Like not knowing,
Like borrowed ignorance.
If it is not humble freedom.

Logic does not encompass,
The poet's depth,
Totality surpasses,
Every eloquent format,
Rather it is the disconnected,
That resurrects the reader.

But beware of pseudo art,
That abuses free verse,
Poets are not those,
Who proceed without Totality,
And think that loose words,
Deprived of intrinsic essence,
Offer beauty and reasoning.

Global and local,
Semantic and syntactic,
Structure, parallelism, rhythm and meter,
Terms that are lost,
If the living feeling does not touch,
The Being that is reborn to Being.

Poetry transcends,
Every linguistic connection,
Every consequent logic,
Every unified whole.

It is in the poetic triangle,
That the answer lies,
An invisible syntax,
That merges with time,
That glides free and disappears,
Like a garden in the clouds,
Like summer in winter.

DEATH AND ANGUISH

Beliefs govern thought,
Uncertainty reveals itself,
Like a terrifying hell of possibilities,
Millennia without answers.

Anxieties, paranoia, expectations,
Disappointments, weeping, absence,
Life is also a mystery.

It escapes human understanding,
Or the illusion traps us,
We are what we think,
But the essence of knowing,
Of the solved mystery,
Exists and forbids us entry.

Perhaps the soul exists,
Or coincidences,
A reincarnation might only be,
A human imperfection that repeats,
That being human tends to humanize.

Barely born and we're already intellect,
Condemned to the Anguish of knowing,
To a scale that breaks between,
That and the not-that,
Between the clear and the dark.

Anguish is the unknown,
The truth that hides,
An earthly hell that boils our hopes.

The suicider doesn't learn of the suicide,
And this is already claiming we know,
That the suicider doesn't regain some sense,
I'm not the one who can affirm it,
It's a domain so strange,
So distant from what I know,
So anguishing.

A prison without cells or chains,
The gods deaf to pain,
Blind to suffering.
Ignorance consumes us,
Eternity in death.
Clever inventions,
Desires to always exist,
Tendency towards greed.

Who benefits from the lie?
Who profits from ignorance?
Who punishes?
Who brings justice?

They seek to mold the living,
With beliefs in the dead,
Why don't they mold the dead,
with their living beliefs?
Aren't the dead more,
Aren't they more in need?

NEVER A SLAVE

Yes, in you dawn rainy nights,
A radiant sunset,
Infinite springs,
That plough through clouds your eternal Being.

Your voice is a fantastic tale,
That hypnotizes thought,
And freezes time,
In a continuous present future,
That hangs from the countertime of a perfect present.

A drop explodes on your lips,
And the fantasy is born, transcends, flies...
It lands on the sand,
Caressed by the waves,
The footprints in the distance,
Like an indelible path,
You look backwards while you smile,
The magical breeze you pierce with your suns,
Like spears, like mirrors,
Like the catapulted rock,
That never returns,
That is never a slave.

POE

To find in the macabre,
A higher purpose,
That transcends centuries and millennia,
Supposes that its creator,
Is born and dies in the bowels,
Of an overwhelming hell.

A suspicious death,
Haunts the awakening,
Of your final days.

Death that is only a dream,
As life said in life,
But conclusions exist,
Of envy for his talent,
For his great macabre devotion.

The pendulum strolls,
From hell to heaven,
And the silent cat,
Destroys a heart between latent boards.

The raven eats the blood,
That spills the Amontillado,
And the beautiful death,
Is found in the face,
Of Lenore.

William approaches,
Wilson awaits him,
La caída de la casa está cerca,
The heart betrays him,
Death is always premature,
When the purpose is immortal.

The Rue Morgue distills death,
And also innovation,
Many are those who owe him,
Modern series with your formula,
They've profited from your talent.

I know who you are,
Valdemar,
W. and W.,
The cat,
The heart,
The flames,
The wine,
Devotion,
Soldier...

Your premature burial deprived us,
Of other brilliant stories,
But your immortality is secure,
Millennia after millennia,
To conquer death was your end,
Like the transcendence,
Of your verses.

I find you among words,
In winter,
On a Bronx street,
On a train without direction.

Gothic fiction,
Contemporary reality,
You're found everywhere,
Like oxygen that saves,
Stories, poems, essays...
You're lightning in the darkness.

Vices, editions,
Letters, loves,
Pretensions, failures,
Dreams, discouragements,
Devotion, literature.

Your life was an eternal tale,
Song with nameless verses,
Passion that exhausts itself,
In the precious gaze,
Of a beautiful lady.

Linked sentences,
With firm poetic pen,
Subtle poetry that proclaims
A greater transcendence,
Over the grass,
In the rain,
The singer and his melody,
Display with harmony,
40 lives of history.

DEVOTION

Everything always begins,
Without the slightest intention of starting it,
At least the tickle,
That sways in my left eye,
And without me knowing how,
Jumps to the right without asking permission,
And she, she doesn't even notice.

At least the restlessness of my legs,
The fever of the body,
The scent of roses,
The scent of verses.

I see the fire on her lips,
And the line that forms her closed mouth,
But I catch myself looking at her ivory breasts,
And quickly curve my gaze,
But on her, always on her,
And she doesn't even notice.

I imagine her walking, I see her walking,
And I lose myself in her rhythm,
I drown in her harmony,
And I gather the notes she leaves in oblivion,
The G major and the C sharp.

I see her soul when she speaks,
And I live by dying in each syllable she pronounces,
In each small breath of air she exhales,
In the shape of gardenia,
But she, she doesn't notice.

I look at her with my hands,
I listen to her with my mouth
And I touch her with my eyes.

I abandon myself to her time,
Breaking my only clock,
I forsake myself to her judgment tossing away my only compass,
And I lose myself in her labyrinth with no desire to leave.
And she doesn't notice.

Then I've lost my mind in dreaming,
That she also dreams of me,
I wake in her dream and I'm glad it's so,
And she wakes in mine, smiling, complete,
And now trapped in the dream,
She in mine and I in hers,
The world looks more gentle,
And I never give up...
And she, she notices.

THE RIVER

The river's a baby as it is,
Not knowing that he's very vicious.

The river's a toilet as it is,
Flushing all the sediments into its bits.

The river's a baby running down the hill,
She giggles and gurgles eating to her will.

The river's a fish swimming in the sea,
And it goes into someone called Be.

Written by: Blake Ramírez
Age: 7

PHILOSOPHY

Long before the Miletus of Thales and Anaximenes,
Being and Death already philosophized,
And the cosmos designated,
Successors and precursors.

A struggle between the changing and the always same,
Is born from 2 transcendental philosophers,
But Transcendence itself,
Converges and fuses everything,
Mixes and creates,
Returns and is born from the 2,
A totalizing 1.

Three pillars advance,
To the historical course,
Knowing that one knows nothing,
A republic that eliminates poets,
A finger toward the earth that cements,
The root of science.

But knowing that one doesn't know is already knowing,
One can't eliminate,
What is used to create,
Metaphysics and physics,
Lead us to science,
Because the dream existed first,
The always welcome audacity,
To think,
To doubt.

Hellenists,
Cynics, skeptics.
Epicureans and Stoics.

Religious myths enter,
Saint Augustine and Thomas Aquinas,
Echo Anselm.

Man eats man.
I will doubt everything,
Except that I think.
Nature is God,
The best of all possible worlds inclines.

Enlightenment, liberalism, transcendentalism,
But, what is illuminated?
What is liberated?
What is transcended?

Empiricism and Rationalism,
Embrace immaterialism,
Which Kant then mixes and transcends,
Not without first speaking with Hume, Descartes,
Spinoza...

Schopenhauer and Hegel,
Encountered hatreds,
They transcend one another,
They give birth to Marx and Nietzsche,
And with them,
An amalgam of successors.

Not without first anguishing,
Kierkegaard transcends god,
As Descartes already did,
For Abraham kills Isaac,
By divine order,
By celestial whim.

Being and Time appears,
Being and Nothingness follows it,
Between Dasein and Being-for-itself,
Between Authenticity and Freedom,
Death and Fear,
Sameness and otherness.

Sisyphus with his eternal rock,
Sex redefined,
Phenomenology that transcends consciousness,
Analytic progression,
Limit of language,
Limit of the world,
Freiburg School,
The Banality of Evil.

The posts arrive,
Moderns and structuralists,
They assault power,
Incredulity toward meta-narratives.

Thinking has always been the engine,
That has transcended time,
Though it doesn't suffice,
To think and then exist,
To exist and then think,
One always starts from analysis,
From critical thought.

Asia with its legacy,
Always on par with the west,
Imparts barrels of discipline,
Submerges us in the self.

History finds the way,
To repeat itself and remind us,
That Being is most urgent,
What controls the balance.

Technologies will emerge,
From our egos and emotions,
We'll be immortal gods,
But even *The Immortal*,
Grew tired of wandering,
Existence weighed on him,
He longed for death.

Metaphysics of self-cultivation,
Reflection on one's own thinking,
Existence and Knowledge,
Mind and Reason,
Language and Value.

Epistemology, Ethics, Logic.
Logic that constructs,
An epistemological Ethics.
Ethics with epistemology,
Gives birth to a wise logic,
Reality constructed,
Upon a vague metaphysics,
Knowledge that liberates,
The imposed self-biases,
The forced indoctrinations.

It's the *philos* that questions,
The *sophia* that discovers,
The knowing of knowings,
Philosophy's ontology,
Metaphilosophy ad infinitum.

JOYCE

Thoughts that think themselves,
Like an unbridled cascade,
Without rules to interfere,
Without cultural borders.

Punctuation marks,
Hinder and confuse,
The magical prose that seeks,
To liberate the senses,
To exalt the ordinary.

Dublin reconstructed,
In the burning Ulysses,
Its streets and its pubs,
With beer and literary conversations.

Labyrinthine sentences,
Defy grammar,
Make the subconscious conscious,
Transgress the molds,
The habits,
The stigmas and stereotypes.

Musicality of the living word,
Cadence of Being's reunion,
Finnegan awakens,
While the Dubliners sleep.

Devotion to the page,
Portrait of the artist,
Bloom is aware,
Molly cheats on him.

Incorrigible modern,
They welcomed you in France,
Precursor and exalter.

Uninterrupted sequence,
Liberator from the yoke,
Rejection did not disable,
Your literary creation.

Odyssey that ends in Zurich,
Immortalized in time.

Reinvention of language,
Where the artist clarifies,
Reveals and extends,
Imagination and feeling.

Burning streets that in the his
His that in the of with yes
Lost stories swimming pools
The Argentine invokes you
As now the your I we us
Intrepid puzzle
Conglomeration unbridled words
Absent signs tram that cuts
Cuts the way life way the cuts
You save those you don't know

GOD

Mystical creature,
Always absent,
Blow that adheres to suffering.

Vague illusion of those who seek,
An answer to absurdism,
A greater consolation,
To their mundane experiences.

Hammer blow that shatters,
The skull and the senses,
Cancer that consumes every cell,
Every desire for freedom.

World war that destroys,
Unjust law that sins,
Lukewarm and sweet poison,
Subtle deceit.

Fabricated lie,
By those who seek control,
Redundant nonexistence,
Irresponsible metafiction.

Null conversation,
Improbable posture,
Root of ignorance,

Ontological argument,
That ends in non-being,
Cosmology that joins,
With such failed postures.

The blow returns as a lance,
Like wind that cuts in its path,
The ignored clamors,
Justice does not appear,
Now the hammer strikes,
Against all hope,
Against all reason,
Who takes pity on the just?

The cancer also disappears,
But it demands a high price,
It mutilates and executes,
It corrodes and annihilates.
Blood is latent proof,
Of the ignorance that guides us,
The blow returns and destroys us,
Delivers us to Abraham,
Who after the known murder,
Fulfills the divine mandate;
Being loses itself in paranoia,
Creates stories and lives them,
Fantasies that feed,
The thirst for divinity and eternity.

Unreal creature,
Never present,
Blow that initiates suffering.

HAPPINESS

Breeze that stuns me and renounces the vicious,
Will to persist in the shadows,
Same will that binds me,
To the tranquil and sunny visit,
Of feeling thought of as peace.

Destroying stereotypes,
Banishing hatreds,
Incinerating envies.

The horizon takes hold,
Of the superficiality of my existence,
And renews like the river,
Centimeters of oxygen,
Inches of patience,
Meters of self-esteem,
Miles of understanding.

It is a rebirth that flies,
Over tones, tonalities and tunes,
Over chords that resurrect,
After the delight of the miracle.

Breeze that stuns me,
That swallows and spits me out,
Nonexistent seconds,
That cling to nothingness.

But there is a there,
Like the how that exclaims,
To live is to feel!
To feel!
To feel!
But feeling is defined,
In multiple ways,
It is then when feeling,
Presents itself authentic,
That we are allowed to pronounce,
Such an authentic version.

BOOKS

It is not the monotonous answer,
That books save lives,
That is impossible,
Life is saved by understanding;
Though a good book,
Can save understanding.

Awakening is priority,
Advancing the intellect,
Eradicating ignorance.

A paradise for Borges,
Liberation for Quixote,
Eternity for Kafka,
Navigation for Verne,
Education for Woolf,
Dream for Dostoyevsky.

They are not dead,
On the shelves,
They live in eternal thought,
In the feeling of the past made present.

Fragments, worlds, universes…
A Nietzschean hammer blow,
Words that are actions,
Actions that become Being,
If the reader is attentive.

From Metafiction to Metafiction,
Stories swim,
They submerge in the subconscious,
They traverse neurons and rivulets,
They sing, plough, pass through Benjamin,
Continue toward Adorno,
Arrive at the collective consciousness,
Like a confused awakening,
Among familiar and lucid beings.

Always some waiting,
For the brevity of existence,
Others I prefer to forget,
Distance myself from the memory.

They fall from the shelves,
And strike my brain,
Like an explosion of planets,
That describe universes.

The Internet imitates them,
Long before flowcharts,
Before operating systems,
And hardware and software,
The multiverse already existed,
Where all possible thoughts,
Are conjugated and then,
Transcended.

WOOLF

The stones in your pockets,
Did not prevent your transcendence,
Your positions still resonate,
Your sentences still resound.

Like the wave that loses itself,
Against the complicit rock,
And the lighthouse that guides,
Characters and destinies.

You surpassed the barriers,
Imposed by dictators,
You educated yourself in your father's library,
You built from courage,
A room of one's own.

The flow of consciousness runs,
Within the interior monologues,
Your readings,
Nourishment for the future.

Some misinterpret,
Your feminist critique,
Others reject it and feel harassed,
They don't understand the essence,
They lose themselves in cheap ideologies,
They surrender to ignorance.

Was it a Monday or a Tuesday?
The mystery continues,
In both there exist universes,
Literary devotion,
That begets successors.

Free sexuality,
That transgresses customs,
Bloomsbury defied,
Victorian society,
The present is also austere,
And tries to indoctrinate us.

The poet's mental health,
Is questioned again,
But art surpasses,
All human calamity.

Humanist, thinker,
Under a tree lie your ashes,
And beneath the firmament,
Your eternal legacy.

DEVOLUTION

Now we are just asses and tits,
Just money and garments,
Just likes without percentage,
A screen in decadence.

We have made hunger a sport,
The main course is medium-rare children,
With an abandonment sauce.
The appetizer was malnourished ribs with
prolonged dehydration.

The dessert is a conscious effort,
To block it all out,
To ignore those who in this second,
Are murdered by the system.

We have lost the notion of what is essential,
Subjected to a voluntary devolution,
That corrodes our Being.

They created the perfect stage,
For total extinction,
They administered resources with precision,
To collide with death.

The superfluous controls the bloodstream,
It steals dopamine,
And violates the memory of some authentic book.

They have self-objectified,
They are slaves to pleasure,
Ignorance is profitable,
Excess of positivism,
And an addictive consumerism,
That destroys critical thinking.

We are pharmaceuticals with legs,
Opioids with human dependence,
Brain receptors without transmitters,
Overdose of a dead time,
With anesthetic tolerance.

Who denies the undeniable?
Yesterday we walked naked,
Today we are prehistory.
Who refutes the irrefutable?

Intellect imprisoned,
Writers emptied,
Books extinct,
Readers renounce.

We despise with ease,
What we once exalted,
Oh, the language!
What will become of the language!
We curse it senselessly,
As we abhor life,
Pain guides us,
Eternal nihilism.

A turd with more value than Crime and Punishment,
Today shit is medicine and thinking a leukemia,
Screen slaves control the future.

Fame creates monsters,
Deceives idiots,
It has never created a masterpiece,
It deceives itself,
Generates dictatorships,
Administers biases,
Suppresses neurons.

Devolution arrives with religious myths,
It spreads with political exercise,
It feeds on technology,
It advances with cultural illiteracy,
It grows in the absence of the poet.

Nietzsche proves right again,
With the revaluation of values,
With the Eternal Return,
With the will to power.

Mistaken idea of success,
Transgression against the individual,
Way to control the masses,
Murderers of freedom.

They abuse music,
With inconsequential lyrics.
Art is snow in the desert,
And a condom in the trash can.
It is a false ideology,
A hammock without ropes,
Pornography of a tomorrow without erection.

Opinions are excessive,
Reasoning hides,
We mitigate fears with confirmation biases,
Solitude and boredom repel,
Virtual ignorants.
We are tasteless concón,
Thirsty coconuts,
Wire fence without plot,
Trivial rains that drown the intellect.

Once transcendental stories were navigated,
A hundred years of solitude was lived,
A murderous perfume,
A stranger and a Sisyphus,
A season in hell was lived,
A mockingbird was killed.
And an old man faced the sea.

Toward the past we advance,
Perpetual gravity that sucks us in,
The universe yields,
The multiverse too,
We disappear into a black hole,
That ignores all laws of physics,
Quantum space without molecules,
Without time to govern the subatomic course,
Of an infinite labyrinth of darkness,
I would like to say the sentence is long,
But in the vast vacant and negligent place,
Only nothingness survives.

EINSTEIN'S PIÑA

Invisible force that prevents you,
Normal incentive without meaning,
Negation of intellect,
Strategic strategy.

A song without a moral,
Advances among the tickles,
Of a routine orgasm,
Of a feeling without sentiment,
Of the weeds and the king,
Of the hidden witnesses,
Of the expired beggars.

Pretension to act,
Incendiary camouflage,
Cosmogonies of the past,
Sugars of today,
That from dopamine to dopamine,
Gnaw away at Being.

A fictitious reality,
A real fiction,
A threshold of intrusions,
Of enigmas,
They take hold of the universe.
Without understanding one understands,
Without seeking one seeks.
Tlön yields and with it,
The universe.

The Apocalypse errs,
Predictions escape,
To inhospitable feathers.

Who warns now?
Who escapes?

Books burn,
In the subconscious bonfires,
Of a conscious decision,
Induced by a power,
That transcends the bearer.

They are not forces that attract,
It is a compressed curvature,
Of space-Mlejnas,
The universe toward itself,
Tends to persist in its own being.
Attraction insists,
Gravity declines.
The multiverse yields,
A quantum nucleus invades it.

Without knowing it wants to be,
The destruction of its being,
The will to power,
The prohibition to be reborn,
Without reincarnation to offer,
With praises to convince,
Fictions at nightfall,
Totality silenced.

NIHILISM

Applications dictate the future,
Consciousness of an unconscious world,
Fictitious time that controls perception,
Screens thirsty for myopia,
Decadent buildings.

The breeze carries a rancid smell.
The memory of a better present,
Oscillates between suffering and death.
Vague shadows without art,
Terrible art without depth.

The murderous cadence returns,
Nihil comes back,
Not as a theory,
But as existence.

Simulacra of rigor,
Simulation of science,
Hyperreality that oppresses,
Controlled fabrication.

Meaning is subjective,
Instinct for preservation,
A food chain of knowledge,
Devours those who do not think.

Fragile ideals,
Ignorant ideas,
Useless hopes,
Uncertain tales,
Irreversible pain,
Unpunished books,
Inert velocity,
Idiotic, irreverent, infamous, indecent narcissism.

Reasons abound,
Reason is lost,
Between the copy and the original,
An amalgam finds,
Neurons still intact.

To codify the world,
Flowchart without direction,
Exit and entrance,
Does one enter when one exits?
Who operates the system?

Symbols that represent nothing,
Simulation of progress,
Digital viruses that depress,
Filters that feed the ego.

Forgotten books,
Pages that wait,
Sentences that liberate,
Thirsty words,
Hunger without meaning,
Ignored oxygen.

Strange forces invade us,
But distraction prevents,
Contact with the real.
We are a meaninglessness,
Expiration of an ephemeral dream,
Self-deception helps us,
Disconnects us from all guilt,
From all responsibility,
To believe is conformity,
To think is freedom.

NO TRUST

We are the padlocks of our misfortune,
Imperishable contracts that suffocate,
Constitutions forged in wars,
Blood of innocents in the gaze.

Trust extinct,
We reduce ourselves to walking husks,
Bodies without being that yearn,
For a death without resurrection.

We invent trillions of ways,
To defile trust.
We build lakes of sulfur,
Windows of iron,
Vaults of fire.

Commercials evade,
A transcendent truth,
The lie ascends,
Respect agonizes,
Root of an evil,
That in the entrails blooms.

We are the padlocks of our misfortune,
Death is another unread page,
Nihilism with purpose,
Individual purpose that kills otherness.

Imperishable contracts that suffocate,
All virtue,
All allusion to the humble,
Every attempt at liberation.

Constitutions forged in wars,
Slaves to the past,
Mercy is refused,
Tolerance,
Knowledge,
Not a shred of patience,
Not a crumb of prudence,
Absence of all rationality.

Blood of innocents in the gaze,
In vain the 18th century arose,
Obscurantists extinguish,
The lamp of knowledge.

Imperishable padlocks forged in blood,
Extinct husks without resurrection to die,
Trillions defiled with sulfur, iron and fire,
Evaded transcendence,
Respected lie,
Evil in the entrails,
Condemned to the pages of a nihilism that kills otherness,
Virtue drowns, humility enslaved to power,
To forge slaves who refuse mercy, tolerance and knowledge,
Absence of all patience,
Irrational imprudence,
Obscurantism and blood,
Vain knowledge,
Past that rages against unity.

THE POET DEPARTS

They mention mental health,
As if it wasn't a right,
To choose the inevitable,
To transcend the spectacle.

Living in the lie,
That is protected and emulated,
Ignorant of the glass,
Infinite rain of dead dreams,
Drowned moments,
Of faked happiness.

Alone,
Alone,

Who knows the neuronal cosmos?
With all my faculties,
Conscious of the eternal act,
To contemplate the world for a while.

It is a human error,
A lack of understanding,
To yearn for eternity.
Infinite pleasure is sought,
Selfishness is praised.

To let go,
The possessive is a mistake of languages,
Sartrean freedom of shit,
I don't choose,
I am chosen.

The glass is a wall,
Infinite bricks of egos,
Life weighs heavy,
The martyrdom of understanding weighs heavy.

Invisible totalitarianism,
Self-subjugation,
Decadent autonomy,
Subconscious virus that,
Yields to indoctrination.

Decisive seppuku,
Blade that cuts the senses,
Soon oblivion,
Almost the awakening,
I become aware of reality,
The sea now touches me.

My verses now volcanoes,
Rivers that invite Being,
Ashes of an eternal past,
Eternity of an uncertain future,
Songs of suffering,
Liberation of art.

Free, free the verses float,
They swim, coerce,
They crash against the sun,
They embrace death,
They unchain bones,
They torment dictators,
They pacify violence,
They transgress corrupt laws.

Imperfect world,
Pain and chaos,
Hands say goodbye,
With pain of war and hunger,
Fantastic life,
Of lost hopes,
Of futile illusions.

Among iron clouds,
With the scent of cacao,
Absurdism propels me,
I yield and run toward death,
I enter and silence receives me,
Now without prisons,
Without lies,
Without control,
Here the fiction ends,
Eternity begins,
At last,
The poet's immortality arrives,
Transcendence awaits me.

ABOUT THE AUTHOR

Jairo Augusto Ramírez Cruz

(Mao, Dominican Republic, August 15, 1984)
Is a professor, philosopher, short story writer, novelist, essayist, poet, translator, editor, singer-songwriter and martial artist, of American-Dominican nationality.

Ramírez is an avid reader and an advocate of philosophy and literature as essential parts of Being and life. His documentaries *108* and *Fiction-Reality* promote reading as a vital source of knowledge and critical thinking, which helps us eradicate ignorance. He has practiced Taekwon-Do for 36 years and holds a fourth-degree black belt (IV dan) in ITF and ATA. He has also practiced other martial arts such as: Capoeira, Kickboxing, Judo, and Jiujitsu. His taekwondo career has given him many opportunities to help new students and has earned him several important accolades as a competitor around the world.

Ramírez has taught English, Spanish, computer science and martial arts. He taught himself English and Italian, and possesses a general knowledge of Latin.

Ramírez grew up in the Dominican Republic and then immigrated to New York, where he lived for 15 years. He currently resides in Oxford, England.

SOBRE EL AUTOR

Jairo Augusto Ramírez Cruz

(Mao, República Dominicana, 15 de agosto de 1984) Es un profesor, filósofo, cuentista, novelista, ensayista, poeta, traductor, editor, cantautor y arte marcialista, de nacionalidad estadounidense-dominicana.

Ramírez es un ávido lector, y un exhortador de la filosofía y la literatura como parte esencial del Ser y de la vida. Sus documentales *108* y *Ficción-Realidad*, promueven la lectura como fuente vital de conocimiento y pensamiento crítico, que nos ayuda a erradicar la ignorancia. Ha practicado Taekwon-Do por 36 años y posee un cinturón negro IV dan en ITF y ATA. También ha practicado otras artes marciales como: Capoeira, Kickboxing, Judo y Jiujitsu. Su carrera taekwondoista le ha otorgado muchas oportunidades para ayudar a nuevos estudiantes, y le ha valido varios reconocimientos importantes como competidor alrededor del mundo.

Ramírez ha sido profesor de inglés, español, informática y artes marciales. Se enseñó a sí mismo el inglés y el italiano, y posee un conocimiento general del latín.

Ramírez creció en la República Dominicana y luego emigró a New York, donde vivió por 15 años. En la actualidad reside en Oxford, Inglaterra.

www.ingramcontent.com/pod-product-compliance
Lightning Source LLC
Chambersburg PA
CBHW052033070526
44584CB00016B/2028